テッペン、獲ろうか。

中卒40歳・年商14億円経営者の失敗から学んだ「成り上がり論」

小澤辰矢

KADOKAWA

はじめに

地獄の底から見つかった、俺の「テッペン」

2023年2月、俺——小澤辰矢《おざわたつや》に密着して仕事やプライベートを紹介するYouTubeチャンネル「中卒40歳・年商12億円経営者の1年間密着ドキュメント」の1本目が配信された。その動画が公開直後からとんでもなくバズり、なんと、半年あまりで370万以上の視聴回数を突破。俺自身、マジで驚いた。

そのYouTubeにより、いきなり世の中に名前が知られるようになったわけだが、正直「おいおい、俺のこんな話、どこが面白いの？」とも感じた。

幼少時代はあまりに貧しい環境で過ごして、生きることの意味を見出《みいだ》せないまま10代前半を過ごし、俺は中卒で独り立ちするしかなかった。冗談抜きで、少しでも間違えば凶悪な犯罪者になっていたかもしれないし、野垂れ死んでいたかもしれない。

自慢できた過去じゃないけれど、闇金で働いたこともあれば、人を傷つけたことだってある。そんな俺が「コンクリート打設」という仕事に出合い、独立起業し、海外からも評価されるような発明品を生み出し、いまでは年商14億円の「小澤総業」という企業グループを率いている。
コンクリートポンプ車の保有台数では東京都内ナンバーワンになった。発明した製品で「グッドデザイン賞」（２０２３年）なんてものをもらうこともできた。これまでなにがあろうと、イノシシのように猛進してきただけの人生だったが、なんだか俺には大きな流れが巡ってきているらしい。

いや、強烈な嵐のような、巨大なエネルギーを持ったなにかが――。

自分にとっては「あたりまえ」だったことが、ほかの人にとってはあたりまえではないのかもしれない。ＹｏｕＴｕｂｅの一件で、「あぁ、確かに俺の人生は普通じゃなかったよな」と、あらためて気づかされた次第である。
俺は本を読めない人間だが、たまに漫画は読む。なかでもお気に入りのシリーズは、本棚にズラリと並べている『サラリーマン金太郎《きんたろう》』（集英社）だ。暴走族から漁師となり、建設会社へ入社したのちに無類の個性と枠にとらわれない発想で金太郎は会社を変革していく。大胆な決断と行動力を武器とするこの主人公に、共感する部分が多かった。学歴や実績がなくても次々と逆境を乗り越え、周囲を巻き込みながら嵐を呼ぶ男――。

「いつかそんな男になりたい」と願いつつ、実際に似たような人生を送っているようにも思う。

悲惨な境遇で生まれ育ち、人生に絶望している人がいるかもしれない。もしくは、でっかい夢を実現するためになにが必要かを探し続けている人がいるかもしれない。仮に俺の人生が「あたりまえ」でないのであれば、そんな人たちに向けて伝えたいことはいくつもある。

それが、この本を書いてみようと考えた理由だった。むかしのことはすぐ忘れてしまうたちなので、記憶を引っ張り出すのにだいぶ苦労した。でも、記憶の断片をつなぎ合わせようとしたとき、生きていくうえで大切だと思えることを新たにいくつも発見することができた。

これまで本気で死のうと考えたことは〝二度〟ほどあった。信じていた者から裏切られ、金に翻弄《ほんろう》され、責任の重さに耐え切れなくなり、これからどの道へ進めばいいかまったくわからなくなってしまったからだ。それでもどうにかこうにか俺は生きて、いまここにいる。

とてつもなく落ち込んでどん底に突き落とされた状態になっても、いつの間にか苦悩の闇から抜け出して、次に向かう道を考えられるようになった経験を何度もしている。

地獄を味わったとき、自分を支えてくれたものがいくつかあった。

そのひとつは、**「行動力」**だった。ただ塞《ふさ》ぎ込んでうずくまっているだけでは、どんどん地獄の奥底まで引きずり込まれてしまうばかりだ。どこに向かえばいいのかわからなくても、とにかく行動を起こせば自分のまわりでなにかが変化していく。**場合によってはたったひとつの行動だけで、驚くほどの嵐が吹き荒れることもある。**

「行動しなければ、人の世を生き抜くことなんてできない」

俺が導き出した、ひとつの答えがこれだった。

もうひとつ、どん底に落ちたときの自分を救ってくれたのは、かけがえのない出会いだった。いまでも俺は人嫌いだし、簡単に人を信用することができない。でも、生きれば生きるほど、たくさんの出会いが増えていくこともよく知っている。そんな人たちからの言葉や温かい気持ちによって、何度も救われてきた。こうしたいくつもの恩を、俺は生涯ずっと忘れないだろう。

そして自分自身が、いつか誰かを救える存在になりたいと願っている。

とにかく金が欲しくて、女が欲しくて、生きる意味なんてわからず、ただ毎日むさぼっていた時間も長かった。でも、いまの俺には欲がない。

あるのはひとつの目標だけだ。

「日本一の児童養護施設をつくること」

この目標が俺のなかにあり、生きる意味はそこにある。これこそ俺の目指すべき「テッペン」なのだ。なぜ、児童養護施設という夢に辿《たど》り着いたのかは、本書のなかでしっかり書いていこう。


そういえばむかし、ガラにもなくブッダの言葉を読んだことがある。

「欲を捨てなさい。欲が残ればまた、人として生まれ変わる。二度と生まれ変わらないために、わたしはブッダになった」

そのときはよく理解できていなかったかもしれないが、いまの俺にはなんとなくその真意がわかる。ブッダは、「欲望を持つことで、自分に都合のいい物語をつくってしまう」ともいった。そして「人は、その妄想ともいえる物語に苦しみながら生きるのだ」と。

間違いなく、俺もそんな妄想に苦しめられてきた。欲にまみれ、それゆえいくつもの大ピンチに見舞われたこれまでの人生。その結果、辿り着いたのは、「欲を捨てる」という境地だった。大きな転機をいくつも経て、少しずつ剝《は》がれていった欲望の数々。煩悩は消え、行動はシンプルになり、欲を捨て去ることの大切さを痛感するようになっていったのだった。

誰だって生きていくことは楽ではないけれど、思考や行動次第で人生の軌道は少しずつ変わっていく。**ひょっとしたら「運命」というものが存在するのかもしれないけれど、実はそんなもの、自分の力で変えられるのではないか。**

繰り返すが、**人生の流れを変えたいのなら行動あるのみ**だ。決断と行動を躊躇《ちゅうちょ》していては、激しい社会の動きに飲み込まれてしまい幸福は訪れない。

ひたすら行動を続け、うしろを振り向くな。がむしゃらに前へと進み続ければ、いままでとは異なる景色が見えてくるだろう。そして、突然訪れるビッグチャンスを逃さず、そのときは感謝しながら強引につかみ取ればいい。

人生とは、そうやって切り開くのだ。

なぜ、生きる希望を見出せなかった俺が大きな目標を見つけることができたのか。

なぜ、奇跡的な大逆転をはたすことができたのか。

その経緯を振り返っていこうと思う。

この本が、誰かの人生を好転させるきっかけになれば本望だ。

目次

第3章

船出

ポンプ車1台からのスタート

第4章 絶望

事件の連続に打ちひしがれて

第5章 転換

見つけた、俺にとっての「テッペン」

第6章

躍進

世界を変える壮大な発明

装丁・本文デザイン	木村友彦
カバー写真	塚原孝顕
編集	岩川 悟
編集協力	宇都宮ミゲル、佐藤香奈、横山美和
協力	田中良介（株式会社ティドワースロード）

第1章

因縁

金がない、なにもない

生まれてすぐにいなくなった両親

いま俺がこうして会社を経営して、従業員や家族を養っていけているのは、どれだけ苦しいことがあっても、絶対にあきらめずに必死に前を向いてきたからにほかならない。身体の奥底にあった、「活力」のおかげといってもいい。

なぜ、そんな活力が身に付いたのか？

おそらく、幼い頃からとんでもない貧困にまみれてきたからだろう。俺は生まれた直後から、とにかく「金がない」ということに苦しめられた。

これまでの人生でそれなりの結果が出たからといって、「あぁ、あのときに貧困にまみれた経験があって本当に良かった」と安易に考えることはできない。〝普通の子どもたち〟のように、高校とか大学での生活をエンジョイしたかったし、就職してサラリーマンにでもなれていたらどれだけ良かっただろうかとも感じている。

俺は運良くこうやって生きているわけだけど、ほとんどのケースではそうならないのが現実だ。貧困であるがゆえに犯罪に手を染めるとか、よからぬ方向へ道を踏み外すといったケースが多いのではないだろうか。

そんな俺がいえるのは、こういうことだ。

幼少期の貧困はとにかく悲惨で、ただただ苦しい。

だけど、のちの人生において、自力で運を手繰り寄せるエネルギー源にもなる。

俺は、１９８２年（昭和57年）に富士《ふじ》山の麓《ふもと》、静岡県富士宮《ふじのみや》市で生まれた。そこは、山の斜面以外なにもないような場所だった。あとから聞いた話によれば、俺が生まれて半年か1年そこらで両親は自分のそばからいなくなったという。

母親は俺を産んですぐに浮気をして家を出て行ったらしく、残った父親も子どもはいらないということから、俺は母方のじいちゃんとばあちゃんに引き取られたそうだ。

小学校に入る前くらいの記憶を引っ張りだそうとしても、ほとんど頭に浮かんでこない。あまりに幼かったこともあるし、両親がいない生活すら違和感なく受け止めていたのだろう。自分の置かれている環境がほかの家庭とは違うなんてこともわからなかったし、「そういうもんだ」と思っていた。つらい記憶は自然と脳から消えていくと聞いたことがあるけれど、俺の場合もそうなのかもしれない。

いくら思い出そうとしても、本当になにも覚えていないんだ。

頭のなかに残っているもっとも古い記憶といえば、小学校2年生か3年生の頃のことだ。家には自分とは縁もゆかりもないふたりめの父親がいた。そして、ふたりめの父親と母親のあいだにできた妹と弟がいたというぼんやりとした〝映像〟だ。先に書いたように、母親が俺を産んで出ていってからは、じいちゃんとばあちゃんと暮らしていたわけだけど、そのじいちゃんとばあちゃんが転居することになったから、家を出て行った母親が急きょ、俺を引き取ることになった。

そうやって、5人での暮らしがはじまったのだ。

でも、ようやく両親がそろって安心できたとか、幸せを感じるなんてことは全然なかった。この頃の記憶も断片的なのだけど、パッと思い浮かぶのは冬の寒い夜、ブルブル震えながら冷水のシャワーを浴びた記憶だ。

子どもたちが風呂に入る順番は大抵、妹、弟、そして俺が最後だったと思う。ところが、俺が風呂に入る直前になると、なぜかボイラーの火を消されてお湯の温度はすっかり下がってしまう。結局、俺だけ冷水のシャワーを浴びるということが繰り返されたのだ。

血のつながらないふたりめの父親からは、あきらかに虐待されていた。殴るとか蹴《け》るとかはなかったが、〝静かな虐待〟は確実に受けていた。しかも、なぜか俺だけが。

なんの悪さもしていないのに、理由もわからず家から閉め出されたとしても、ふたりめの父親には反抗できなかった。細かいことは覚えてないにせよ、なにをされても、なにもいえない自分がいたということだけは覚えている。なぜ、なにもいえなかったのだろう？　恐怖なのか？　それとも……？　あの頃の俺に会えるなら、問いかけてみたい。

家のなかではそんな感じで理不尽なことだらけだった。ただただ、「つらい」という気持ちを心のなかで唱えていたことが蘇《よみがえ》ってくる。

まったく、嫌な記憶だ。

どうして自分だけがそうやって遠ざけられていたのか？　当時はそんなことを考える頭も余裕もなかったし、いまとなっては思い出したくもない。世の中を見わたせば、立派な父親なんてたくさんいるし、立派じゃなくてもそれなりに父親っぽくやっている男はゴマンといる。それなのに、ふたりめの父親は俺にとって父親と呼べる人物ではなかった。その男は血のつながっていない俺には愛情なんて少しもなかったのだろう。しかも最悪なことに、この父親はまったくもって働かない男で、金は母親頼みときた。だから、うちにはいつも金がなかった。

母親は母親で、水商売だかなんだかわからないが、夜遅くまで働いて疲れた顔で帰ってくるだけ。いちどは捨てた子どもと再び一緒に住むことになっても、母親が愛情を示したような記憶はない。

小学校低学年の頃は、そんな暮らしだった。

当時、「愛情」なんて言葉を意識したことはなかったけれど、実際のところは愛に飢えていたのだろう。なにしろ、**家族っていうものが、温かさや充実感、そして幸福感をくれるものだなんて、大人になるまでわからなかった**のだから。そう考えると、なにも知らないってことは、ある意味では幸せだったともいえる。

俺は、「まぁ、そういうもんか」という感じで、ひたすら毎日をやり過ごしていた。

心の底から本気で「死にたい」と思っていた

小学校に入る前も入ったあとも、母親とばあちゃんが金のことで言い争いをするのが日課だった。母親とばあちゃんは血のつながった親子だ。だから、そこに遠慮はない。しかし、子どもたちの目の前で金について喧嘩《けんか》をするのは、やっぱり情けない。

「金がない！」（母親）
「あんた、どうすんだ！　金！」（ばあちゃん）

そんな会話がしょっちゅうだったんで、嫌でもうちには金がないんだってことが脳裏に刻み込まれた。このような環境で育ったもんだから、俺の感情を司《つかさど》る脳は次第に鈍感になっていった。小さい頃の生活環境がどれだけその人間の成長に影響を及ぼすかということを、大人になって知ることにもなった。

サラ金だか闇金だか知らないが、母親はとにかく借金まみれで、数百万もの金をどこかから借りていたらしい。俺の通っていた小学校まで、借金の取り立ての電話がかかってきたこともあったみたいだ。

小学生くらいになれば、誰だって欲しいものがたくさん出てくる。漫画やおもちゃ、ゲームだって欲しい。俺もそうだったから、金がないっていうのは本当につらかった。たまに欲しいものを買ってもらうことなど、一般家庭ではあたりまえだろう。俺のなかにはそんなあたりまえを望む気持ちすらなかった。当時、自覚はなかったが、誰がどう見てもかわいそうな少年だったのである。

生きるために、食べる。

最低限の望みを満たせればよかっただけなのに、それさえままならない家計であることを子どもながらに理解していた。

虐待をはじめ、大体のことには耐えられても、金がないことに関してはどうしようもない怒りというか、飢えみたいなものを間違いなく感じていた。

だから、隠れて悪いこともした。友人の家に遊びに行けば、こっそり貯金箱を持ち出したこともあった。どこかの店に行けば、勝手に欲しいものを持ってくるなんてこともあった。妬《ねた》み、ひがみ、悔しさ……。そういうネガティブな気持ちが自分のなかに充満していた。学校に行っても楽しいのは体育の授業くらいだ。誰かと行動することもあったけれど、親友と呼べる奴はひとりもいなかった。

ただただ、退屈な時間が過ぎるのを待っていた。

金もないし、学校も面白くない。

ふたりめの父親が大嫌いだから家にも帰りたくない。


小学校3年の頃、心の底から本気で「死にたい」と思っていた。

かなり真剣に死ぬことを考えていたのだが、橋から飛び降りるとか、車に飛び込むとか、そんな方法しか思い浮かばなかった。だけど、とてもじゃないけどそんな度胸は実際にはなかったから、自分の前を時間が過ぎ去っていくのをただぼーっと待つしかなかった。

生まれてから大人になるまで、本当にたくさんのピンチが訪れた。ひとつのピンチをやっと乗り越えたと思えば、またすぐピンチがやってくる。その繰り返しだ。そんな自分を呪ったことはないにせよ、どん底にいる気分はこれでもかというほど味わった。富士宮市で小学校に通っていたあのときも、そんなどん底にいたわけだ。

これもまたはっきりとは覚えていないのだが、おそらく小学校高学年になった頃だと思う。またしても、親が離婚することになった。おそらくふたりめの父親と暮らした時期っていうのは1年とか2年とか、そんな短い期間だったはずだ。

離婚した理由は知らない。そして母親は、長男の俺だけを連れ出して、富士宮市の別の場所（団地）に引っ越して、そのときから母親と俺とのふたり暮らしがはじまった。一方、妹と弟はふたりめの父親のもとに残されることになり、その男が相変わらず働かないもんだから、最終的には誰だかよくわからない親戚《しんせき》筋に面倒をみてもらったそうだ。

まだ小学生の俺には、そこでなにが起きていたのか詳しく知らされていなかった。だからといって興味もなかった。とにかく、大嫌いなふたりめの父親と離れることができて嬉《うれ》しかったのかもしれない。

一方、母親と一緒に暮らせて楽しいという感情も一切なかった。妹と弟のことを心配する余裕も、もちろんなかった。

3人めの父親と、冷たい日々

母親と団地でふたり暮らしをはじめても、俺は冷めた感情のままで、なにも感じなかった。期待？　希望？　そんなものあるはずがない。母親との距離が近い生活になっても、親子の絆《きずな》が深まることなどなかった。

それほど感情のアンテナが鈍っていた。いや、感情を失っていたというのが正確だろう。心のどこかに、これまで俺の人生を狂わせてきたのは母親だという認識があったのかもしれない。その認識が、感情のアンテナを鈍らせていたのだろう。

ただ母親は、仕事からの帰りがどんなに遅いときでも飯だけは用意してくれた。感謝しているのはそれくらいだろうか。どうやら男からはモテていたようなので、いろいろな男が家に泊まりにきた。知らない男と一緒に帰ってくることなんてしょっちゅうだった。
家には母親が一緒に住んでいる。母親がそれなりに愛情をかけてくれていたのもわかったけれど、俺にはなぜか、毎日が冷たい日々に感じられて仕方がなかったのだ。

でも不思議なことに、そういう環境が普通じゃないということは大人になるまでわからなかったのもあって、そんなどうしようもない母親に反発していたわけでもなかった。だけど、「これはきっと、なにかが違う」とはうっすら感じていて、母親に対する愛情はまったくないに等しかった。

そして俺は、中学に進学する。その当時、ゴルフ場のキャディを仕事にしていた母親は、ゴルフ場の客だった男と三度目の結婚をすることになる。3人めの父親は、東京の日野《ひの》市に住んでいるというので、母親からは一緒に東京で暮らすことを提案されたが、俺の返事は「いや、行かない」のひとことで終わった。
母親は出ていき、俺は富士宮市に残った。またしても、じいちゃんとばあちゃんとの暮らしだ。それは同時に、物心のついたひとりの人間としての暮らしのはじまりも意味していた。

10代半ばまでは、そんな感じで自分の知らないところでなにかが作用し、自分の住む場所や一緒に暮らす相手が変わっていった。それが良かったのか悪かったのかはいまでもわからないけれど、**母親が東京へ行ったタイミングで俺は、自分の「決断」や「行動」で人生が大きく変わっていくことを体感するようになっていく**のだった。

詳しくは後述するが、**中学生でありながらひとりで実社会とのつながりを持ちはじめたことは、俺にとってラッキーだった。人との付き合い方、人との駆け引き、金の儲《もう》け方、仕事、女、生きる意味など、まわりにいる同世代の誰よりも早く、大人の社会で生き抜くために重要なことを考え、実践的なスキルと知恵を次々と身に付けていく**ことになったのだから。

不良ではない、どこか壊れた中学生

中学のときは、ひとりで行動することが多かった。

まだまだ子どもだったから、本当は気の合う連中とつるみたかったけれど、度が過ぎたワルも多かったし、怖い先輩もたくさんいた。だったら気ままにひとりで行動したほうがいいと思ったし、せいぜい後輩を連れて近くをブラブラするような毎日を過ごしていた。

だからといって、もちろん〝良い子〟であるはずはなかった。

特に理由はなかったのだけど、とにかく破壊行為が好きだったのだ。ガードレールにある反射板を片っ端から蹴っ飛ばして壊したり、工事現場のフェンスにある電球を端から端まで叩《たた》き割ったり……。完全にいたずらのレベルを超えた破壊行為だった。

暴力行為もたまにやった。例えば、こんな記憶がある。朝の登校の時間だ。正門のところで俺は誰かに「おはよう」と声をかけた。すると相手は聞こえなかったのかわざとなのか知らないが、返事をせずシカトしたのだ。その瞬間、俺は相手を思い切りぶん殴った。

相手の鼻の骨がへし折れ、正門周辺の地面には血だまりができた。

シカトに怒りを爆発させたわけでもない。なぜか瞬時に、「あいつは俺のことが嫌いなんだ」という考えが沸きあがり、それを止められなくなったのだ。とにかくひどい被害妄想を持っていたから、そういう誤解がやたらと多かったのだ。

被害妄想が極端であることを自覚していたからか、どこかに冷静さもあって、「血が吹き出した！　ヤバいぞ」と、それ以上の行為をしないよう自分を抑制することもできた。本当に狂暴な人間なら、そのまま相手を半殺しにしかねないところだが、そんな最悪の事態にまでは至らなかった。相手を攻撃することより、「社会的に自分を守らなければいけない」という意識が働いていたのかもしれない。

単なる「不良」じゃない。
いまから思えば、どこかが壊れた少年だった。

その頃、いまの自分につながるちょっとした出会いもあった。下の名前は記憶にないが、「橋本《はしもと》さん」という親戚のおじさんが、近所でプロパンガスを配達する会社の社長をやっていた。橋本さんは優しい人だった。

そんな橋本さんがガスボンベを交換しに家へやってくると、俺は必ず近寄っていった。俺の身上を哀れだと思っていたのかどうか知らないが、いつも小遣いをくれたからだ。しかも、1万円を平気でくれるような太っ腹だ。それだけの関係だったが、お金をくれる橋本さんが好きだった。

もっといえば、「社長」という役割が世の中にあることを知ったし、その身分になぜか憧《あこが》れた。〝社長という職業〟がどんなものか理解すらしていなかったのだが、俺はその頃、「いつかは社長になりたい。そして金持ちになる」と心に決めた。

それ以降、橋本さんと深い関係を築いたわけではなかったにせよ、この人との出会いが、先のことを考える余裕なんてまるでなかった俺に小さな夢を持たせてくれた。

「俺は絶対に、社長になる！」

そんなことをつらつらと学校の文集に書いたくらい、俺は社長への憧れを募らせた。

そして、楽しかったとはいえない中学時代が終わり、俺はさしたる目的もないまま、富

第1章

因縁

金がない、なにもない

士宮市の隣にある富士《ふじ》市のマンモス校であった星陵《せいりょう》高校へと進む。

ただ、さすがに高校生ともなれば〝楽しい行為〟が見つかりはじめる時期だ。そこで覚えたのは、パチンコ、タバコ、バイト、女だ。いつも孤独を感じていたし、相変わらず金はなかったけれど、気持ちを紛らわせる方法をいくつか発見し、その〝やり方〟を身に付けていったのだ。

朝、家を出たら、学校には向かわずにパチンコ屋へ直行だ。10時からはじまるモーニングにいそいそと並んでそのときを待つ。時間が来たらパチンコ台に1000円札を突っ込んで、あとは「当たり」を待つだけだ。当時のパチンコ台はいまのように厳しくなくて、ちょっとしたコツさえつかめば6割〜7割くらいの確率で5000円〜6000円くらいは勝てたから、高校生にとってはぼろい儲けだ。

この頃もいまも、ギャンブルが大好きというわけではない。だけど、朝起きて並ぶだけで金がもらえるわけだから、パチンコは重要なルーティンになった。1時間〜2時間ほどパチンコを打って換金して、ブラブラ歩きながらようやく学校へ辿り着くのは、もう昼の時間帯だ。購買部でパンかなにかを買って腹を満たして、午後の授業をなんとなく受けて、そのままバイトへ行くというのが、高校入学当初の日常だった。

バイト以外の時間は、友人とデパートのなかをうろちょろしたり、たまにはヤンキーの連中と喧嘩したり。かといって、特定の誰かと関係を深めたり、毎日つるんだりということはなかった。なんとなく楽しい、そしてひとりでもない。とはいえ、心のどこかで、どうやっても埋められないさみしさを抱えていたのも事実だった。

「そんなさみしさを埋めるために」といえば自然な流れだけど、そういった理由でもなく、高校から俺は女に目覚めた。中学3年の頃からモテているのは自覚していたし、高校に入ってからもそのモテぶりは変わらなかった。だけど、度胸がなかったのと、好みのタイプに関しては強いこだわりがあったためか、彼女ができたことはそれまでなかった。


そして、15歳ではじめて女と深い関係を持つことになる。

あるとき、同級生の母親にスナックへ連れて行ってもらったことがあった。そこへ行ったのは、酒を飲んでみたいとか、スナックという場所に興味があったとか、そういう理由でもなかった。ただなんとなくその場所へ行った俺は、そこにいた可愛い女の客と出会う。どうやって口説いたかも覚えていないが、俺たちは付き合うようになっていた。彼女は当

第1章
因縁
金がない、なにもない

時25歳の保育士で、俺より10歳年上。彼女は東京の稲城《いなぎ》市に住んでいたのだけど、たまたまそのときは同窓会で故郷に帰ってきていたタイミングだった。

知り合ってからというもの、彼女は自分の車で東京から頻繁に会いにきてくれた。しかし、遠距離恋愛には違いない。俺はできるだけ彼女といる時間を増やしたいと考えた。ちょうどその頃、高校にもロクに行っていなかったため、先生からは「ほぼ留年決定」ともいわれていた。補講を受ければ留年は免れることができるともいわれたが、俺はたいして考えもせず、すぐに結論を出した。

「ちょうどいいタイミングだ」

そんなわけで、まだ1年ほどしか通っていない高校をあっさり退学することにした。まだ16歳だったが、ここで中卒というハンデを背負うことにまったく躊躇はなかった。

学歴なんてどうでもいいと考えていたし、「将来はこんな大人になりたい」という希望もなかったのだから仕方ない。なにより、その瞬間にやりたいことを優先させたかった。

このときは、とにかく彼女との関係を深めたいと考えていたから、高校中退という決断にも迷いはない。あくまでも俺にとってではあるが、高校で得るものなんてなにもないことがわかったのも大きかった。

東京へ引っ越すことしか考えられない。そして俺は、心のなかでこう強がった。

「中卒でなにが悪い？」

ガソリンスタンドのバイトで見せた才覚

高校に入った直後から、「働いて金を稼ぐ」という面白さにも目覚めた。それまでただジリ貧の状態にあえいでいた俺にとって、働けば金をもらえるという至極あたりまえの体験は、「これからの人生をサバイブしていけるかもしれない」というかすかな希望を感じさせてくれた。

大人になるまで、つまり、いまの仕事に出合うまで実に様々な仕事を経験することになるのだが、そのスタートはガソリンスタンドでのバイトだった。はじめてバイトをしたのが、東京に出る前の富士宮市のガソリンスタンドである。
なにかが気に食わないとすぐ辞めてしまうということを繰り返していたのだけど、次もその次も、バイトは決まってガソリンスタンドを選んだ。富士宮市から彼女を追って東京へ行ってからも、迷わずバイトはガソリンスタンド一択だ。そうやってガソリンスタンドでバイトを続けているうち、やりがいのようなものを感じるようになっていった。

俺はバイトをすることで、人生ではじめて評価を受けた。とにかく、客にサービスを売るのが得意だったのだ。客にガソリンを入れてもらうのは当然のことで、そこからが腕の見せどころだ。

エンジンオイルや冷却水、ラジエーター、ＡＴＦ、タイヤ、水抜き剤などの交換、これら油外収益をいかにあげるかに俺は心血を注いだ。なぜなら、給料が歩合制で、こうした油外収益をあげればあげるほど、金をもらえる仕組みだったからだ。

次から次へと来る客に対しては、たとえ給油のみの依頼でもボンネットを開けさせてもらえと店からいわれていた。だけど、ただ「ボンネット開けてください」といっても「いまは必要ない」と断られるのがオチだ。

そこで俺は、まずこういってしまう。

「エンジンルームを点検しますので、ボンネットを開けてください」

その後、相手の返事も聞かずに車の真正面に立って、笑顔で待つ。そうするとほとんどの場合、客はボンネットを開けてくれた。

そして、そこからも工夫が必要だ。「エンジンオイルが汚れているので交換しますか？」なんて野暮な問いかけをしちゃダメだ。大抵の場合は、「結構です」と断られてしまう。そこで俺は、冷却水のタンクをいきなり外してしまうという思い切った作戦に出た。プラスドライバーで簡単に外せるタンクを持ちながら、客にそれを見せる。

そして俺はこう伝える。

「お客さん、こんなに汚れてますよ！」

既に外されたタンクを見てこの言葉を聞くと、客は「冷却水を交換しようかな」と確実に思ってしまう。タンクを外されたことで、半ばあきらめたようにこちらの申し出を受け入れるのである。実際に汚れているのだし、怒られたこともない。

あるいは、エンジンオイルのキャップを開けるということもよくやった。季節が冬だと、オイルになにも問題がなくても、なかから湯気が出てくる。そこで、「お客さん、来てもらっていいですか？」と語りかける。そして俺は湯気にあたかも問題がありそうな表情をつくり、「エンジンオイルに水が入っているかもしれない」と説明をはじめるのだ。

結果はもちろん、「じゃあ、交換してください」となる。

エンジンオイルや冷却水を交換したいと思ったものの、手持ちがない客のときはこう話しかける。

「クレジットカード、持っていますか？」

ここで、「クレジットカード使えますよ」といきなりいってしまうと、客に「いいです」と返事をする隙を提供することになる。「持っていますか？」と聞けば、つい「持ってます」と答えてしまう場合が多かった。

そうなればもう、こっちの勝ちだ。ほんの少しの問いかけにもそうやって少しずつ工夫を凝らしながら油外収益を稼ぎ、自分の給料を自力で上げていった。「金がもらえるとなったら、俺は頭をフル回転させることができる」と自覚したのだ。

嘘をつくのは良くないが、こうしてあの手この手で利益をあげるのは間違っていない。

方便といってしまえばそれまでだが、どんな車だって、エンジンオイルはある程度、汚れているだろう。冷却水にしても新しいほうがいいに決まっている。それなのに、バイトの俺が「あ〜、なんとか大丈夫そうですよ」なんていっていたら商売にはならないのだ。
「こういえば、こんな返事が戻ってくることが多いな」と、一つひとつの経験を学習に変えていくことで、「こういってしまえば、相手はこういわざるを得ない」という答えが見えてくる。もちろん、最初から金を儲けるアイデアをたくさん持っていたわけではない。経験を無駄にせず次につなげていくことがビジネスの基本なのだと思えて、モチベーションがぐんぐん高まっていったのだ。

言葉のやり取りや態度で相手をどう納得させられるか。**客のためだけを思って、すべてを捧《ささ》げるというやり方では儲けることなんて絶対にできない。場合によっては、相手の困っている部分を無理やり見つけ出して、そこにサービスを提供していく**。結果として困りごとが解決すれば、客だって悪い気はしないし、俺には儲けが出る。当時、そんな気づきを得て仕事に面白味を見出《みいだ》すようになっていた。

そしてなにより、ガソリンスタンドは居心地が良かったのである。ガソリンのなんともいえないあの匂いを嗅《か》ぎながら、汗水垂らして働く。そこには、爽快《そうかい》感のようなものがあった。金をもらうために仕事に精を出す——。そんなシンプルな行いをする場所は、心の壊れた少年に納得感と安心感を与えてくれたのだった。

「ヤバい先輩たち」との、地獄の小旅行

16歳で高校を退学し、俺の学歴は「中卒」が確定となった。同時に稼ぐことの醍醐味《だいごみ》を少しずつ覚えはじめたわけだが、居場所が落ち着くことはなかった。焦がれた彼女を追って東京へ行ったはいいものの、どういう理由かはっきりとはわからないが、彼女が会ってくれなくなったのだ。上京の目的だった彼女と関係を続けられないなら、そのまま東京に居続ける意味もない。またしても決断は速かった。

俺はすぐに、静岡へと戻ることにしたのだ。

慣れ親しんだ静岡の富士市に戻っても、俺は適当なガソリンスタンドを探し、そこを働き場としていた。そして、女という重要なモチベーションを一時的に失った俺は、次の興味を「ヤバい人たちと遊ぶ」ことへと向けていく。

まっとうに金を稼ぐことを覚えたのだから仕事に励めばいいものを、当時の俺は遊ぶことに情熱を注いでしまうのだった。

この頃、毎日のようにつるんでいたのは、いまでいえば、いわゆる「反社」のような連中だ。ヤンキーでもなければチーマーでもなく、さらに本格的なワルである。静岡の田舎で自他ともに認める「ワル」が、自分にはかっこよく見えてしまったのだ。学校にも行っていないし、16歳という年齢を思えば、仕方なかったのかもしれない。

「かっこよくて、怖い」

そういう存在に、ただなりたかった。当然バイクにも乗ったし、ここには詳しく書けないけれど、人にたくさん迷惑もかけたし、正直にいうと少しだけ法律に触れるようなこともした。

ガソリンスタンドで働いてはいたものの、「不良がかっこいい」という思いが強かった

第1章
因縁
金がない、なにもない

俺は、毎日のように怖い先輩たちと街をほっつき歩いていた。

つるんでいた集団には年齢的に先輩しかおらず、それこそ体育会のように上下関係も厳しかった。そんな環境なのに、俺は調子に乗っていたのかなんなのか、俺独自の基準に従い、先輩であってもタメ口をきくなど生意気な態度を取っていた。

誰に対しても不遜《ふそん》な態度を取ることが、なんだかかっこよく思える時期だった。要は、バカだったのだ。

一方、さみしかったのかもしれないけれど、ひとりで行動するよりは仲間とつるんでいたいという気持ちも強く、反社のような怖い先輩たちと俺はいつも一緒に遊んでいた。ときには先輩を相手にどついたり、蹴っ飛ばしたり……好き勝手に。そんなふうにして、自分としては楽しく過ごしていたのだ。

ところが先輩たちは、俺とつるんで楽しいなんて、これっぽっちも思っていなかったらしい。

ある日、ひとりの先輩から「いま、コンビニにいるから遊びにこいよ」と、いつものような連絡がきた。その誘いに応じて俺がコンビニに行くと、ほかにも先輩たちが何人か集まってタバコをふかしていた。

その先輩たちは俺の顔を見るなり、「辰矢、乗れよ」といいながら、横に停めてあった軽バンを指さした。それ以上の言葉はなかったが、その場の空気は異様に張り詰め、「これから間違いなく悪いことが起こる」と容易に感じ取ることができた。

「ただごとではないな」とわかっていながら、俺は軽バンの後部座席に乗せられ、車内では前後左右を先輩たちに固められた。

結局、こうして半ば強制的に車に乗せられた瞬間からほぼ3日間も、先輩たちに連れまわされることになった。

もちろんそれは、楽しい小旅行なんてわけじゃなかった。先輩たちの俺に対する嫌悪というか、憎悪というか、そんな感情が凝縮された、いわば「制裁旅行」のようなものだったのだ。


初日は海に連れて行かれた。着いた頃にはもう真夜中だった。怖い先輩は、「そこで喧嘩しろ」と俺に命令した。喧嘩する相手は、また別の先輩だ。即座に「できません」と返答した俺は複数の先輩たちからさんざんっぱら殴られた。

どれだけ時間が経ったかもわからず、ひとしきり殴られたあとはまた、車に乗せられ別の場所へ移動だ。

なんのために、どこへ行くかもわからない。ただただ俺は軽バンの車内で小さくなって連れまわされ、道中で車が停まったかと思えば、先輩たちはバールで自動販売機を壊しまくってまた車に戻ってくる、そんな無意味な時間が永遠に続くようだった。

翌日の夜、到着したのはどこかの山奥だった。そしてまた、殴られ続けた。実は、この3日間のことを詳細に覚えているわけではない。つらい記憶だから自動的に脳から消去されたのかもしれない。ただ、やけに殴られ続けたし、「俺、もう死ぬかな」なんて感じたことだけは記憶にある。

そしてようやく、先輩たちとの3日間が終わった。

数え切れないくらい殴られたけれど、身体が強かったからそれほど痛くはなかった。結局、生意気な俺のことを気に入らない先輩が、何人もいたということだった。**俺は俺で、どうでもいい連中と付き合うことが、完全に時間の無駄であることをあらためて知った。**

このときは、彼女と別れ、失意のなか東京から戻ったばかり。だけど、この事件を経た俺は、この先輩たちとのくだらない関係から逃げるため、静岡での田舎生活にいよいよ見切りをつけて、再び東京へ向かおうと心に決めた。

いまはよく人から、「決断が常人の100倍速い」といわれるのだが、戻ったばかりの故郷を再び離れるという決断も猛烈に素早かった。もちろん深く考えることもあるが、なんとなくのフィーリングでこれからの選択肢を決めることもある。ただ、迷いながらなにも行動しないということが、小さい頃からとにかく嫌いだった。

決めてから考える、やってみて駄目だと思えばすぐ引き返す——。これは、幼い頃から両親と離れて過ごすことがほとんどだった、俺のサバイバル術でもある。

生き抜くためには行動しなければならない。

行動しなければ「いま」は変わらないし、変えることはできない。

大都会・東京に対して大きな夢を抱いていたわけでもなかったし、心のなかに「静岡はもういいかな」という明確な気持ちがあったわけでもない。2回目の東京ではあるが、

「次はこうしていこう」という方針すらなかった。

そこにあったのは、食うために「また、ガソリンスタンドを探そうかな」というレベルの適当な考えだけ。

それくらい、先のことを考えていなかった。

「東京へ行ってみるか」

そんな適当な思いだけを抱きながら、俺はまた故郷を離れた。

そして、〝2回目の東京〟では、これまでとは比べものにならないスピードで、人生が展開していくのを感じるのだった。

第2章

覚醒

東京で金を稼ぐ面白さに目覚めて

夜の世界に飛び込む

再び東京に行ってから、真っ先にガソリンスタンドへの就職を決めた。静岡時代から数えて、もうガソリンスタンドは5、6軒目くらいだったが、俺はやっぱりガソリンスタンドが好きだったし、そこで稼ぐ自信もあった。そう、ガソリンの匂いがする場所こそ、俺の居場所だった。

ところがである。今度のガソリンスタンドには、油外収益を給料にプラスしてくれるシステムがなかった。当然、勤労意欲は最低レベルへと落ちていった。もう17歳になっていた俺は、「18歳以上」「成人以上」と指定されるような仕事も視野に入っていたので、いよいよガソリンスタンド以外の仕事にも興味を持つようになっていく。

なにせ、学のない人間だ。「ガソリンスタンドで一生を終えるのも悪くはない」と考えていたが、いろいろな大人と会うなかで、世の中には面白い場所や仕事がゴマンとあることもなんとなく理解していた。

ひとつの場所でひとつの技を極めるのもかっこいいことだが、せっかくこの世に生まれてきたのだから面白そうな場所には首を突っ込みたい。「きっとガソリンスタンドの外にも俺が気に入る別世界はあるのだろう」、そんな思いが心を支配していた。

思いというものは強ければ強いほど、他人に伝わる。

面白いものだ。そんなタイミングで、ガソリンスタンドの先輩がとある仕事を紹介してくれるというじゃないか。


その新たな仕事は、「ホスト」――。


これまでまったく縁のない、夜の世界の仕事だ。

「ホストをやってみよう」という動機はふたつあった。

ひとつは、「スーツを着てみたい」というどうでもいい動機で、もうひとつは「金が稼げそうだ」という、いかにも俺らしい動機だった。

世間様の〝まともな大人〟の大半がスーツを着て仕事をしていたし、大人の男がスーツを着ているだけでなんだかかっこよく見えた。内面だってもちろん大事だが、外面が〝かっこいい〟ということも大事なことだ。昼ではなく夜の仕事だが、スーツを着ながら稼げる仕事を見過ごすわけにはいかない。

そのホストクラブは東京の西の端、八王子《はちおうじ》市にあった。当時の八王子市はホスト業界の全盛期だったのではないかというほど賑《にぎ》わっていて、さほど広くない繁華街には確かホストクラブが8店舗ほどあっただろうか。

予備知識などなにもない状態で、しかも年齢をひとつごまかして面接に挑んだ。結果は「合格」だ。なぜ自分が選ばれたのかわからなかったけれど、こうして俺のホストとしてのキャリアがはじまっていく。

面接の際に「月給20万円」と聞いていたのだが、実際にそのとおり20万円がしっかりもらえた。ただし、いくら客がついてもそのぶん稼ぎが増えるということもなかった。俺は歩合制が大好きな人間だ。その観点では多少の不満もあったが、とりあえず「仕事が楽しい」ということがやる気を持続させてくれた。

だが、当時の俺は酒がほとんど飲めなかったし、女に対してもたいした免疫を持っていない。「女にモテる」という自信はあったのだけど、そんなものは所詮《しょせん》、中学高校での話だ。だから特別な作戦などもなく、自然体でホストになり切るしかなかった。

そんな俺に、ほんの少しではあるが客がついてくれるようになる。フリーで店にくる女と会話を交わすという難度の高いミッションもこなせた。もちろん、各種の酒をどうつくるかをマスターし、相手を見て、乾杯の方法を変えるという技術も難なく身に付けた。いわゆる常連が俺を指名すると、その客が店にいるあいだ、ずっと手をつないだままでいた（というか、客から手をつながされていた）。そして適当にお酒を注文してもらい、話し、笑い、その時間を楽しませた。

ときには〝得意分野〟の能力も発揮した。ひどく酒癖の悪い客、ホストに対して失礼な態度を取る客などを、先輩と一緒になって力ずくで店から追い出すなんてこともあった。ホストクラブとはいえ男の客もいて、店にとって害となるような男の客がいれば頼もしい先輩がその客を外へ引きずり出し、ボコボコにした。俺は少しだけそんな先輩の支援をした記憶もある。

ホストという仕事にも技術が求められ、その技術を磨けば認められ、技術がなければ役立たずで終わるということを学んだ。ガソリンスタンドという職場しか知らなかった俺にとっては、ひとつの生きた経験となったのである。

そして、この職場を俺は気に入っていた。まわりの先輩ホストたちがみんなかっこよかったし、ズブの素人である自分に対してもとても優しかったからだ。生活するため、金を得るために仕事はあるのだろうが、気持ちのいい仲間たちと働くという喜びをはじめて体験させてくれた職場でもあった。

職場の同僚が働きやすくなるよう、互いに力を貸す大切さを、そのホストクラブから教わったようにも感じる。そして、**居心地のいい職場であれば、そこで働く従業員は100パーセント以上の力を発揮するということにも気づかされた。**

だから俺は、「ホストとして長いあいだ働くことになるかもしれない」という予感も多少は持っていたのだった。

しかし、時間が経つにつれ、負の感情も芽生えるようになっていった。店にやってくる女たちと過ごす時間が心の底から楽しいわけではなく、嫌いな酒でゲロゲロと吐くのも苦痛だった。

ホストクラブのような人間の欲望が剝《む》き出しになった場所にいると、精神的な疲労も相当なものとなる。ガソリンスタンドでは感じなかったストレスが、自分のなかに蓄積されていくことを実感していた。

結局、俺はホストクラブの帝王にはなれなかった。働きはじめてから1年もせずに、この職場を去ることにしたのだ。店が潰《つぶ》れそうだったということも決め手のひとつだが、最大の理由は「金」だ。ガソリンスタンドで「工夫すれば金がもっと稼げる」と気づいてしまった若者に、努力しても給料が上がらないそのホストクラブのシステムはちょっと酷だった。

仕事とは人間にとっていかなるものか?

そんなたいそうな問いに対する答えを当時の俺は持っていたはずもないが、**やはり仕事**

の最大の目的は「金」だとも思っていた。

仕事を頑張るのも、楽しみを見出《みいだ》すのも、その先に金があるからだ。**「どうすれば儲《もう》かるか」という課題に対して真剣に考え、そこで工夫するから人や企業は成長していく。**

仕事とは、人生の多くの時間を費やすものだ。ならば、仕事の時間もやりがいや楽しさを感じたほうがいいに決まっている。でも、そんな喜びを得られるのも、**仕事で結果を出した先に金という〝ご褒美〟があるから**だろう。

当時は若かったし、ましてや貧しい環境で育った俺にとって、金以外に仕事の目的を見出すことは難しかった。「金を稼ごう」という気持ちが不謹慎だなんて思わない。金の力に勝てるものはあるのか？　金さえあれば、人間の心をコントロールできるのではないか？　そんなふうに、当時は感じていた。俺には生きていくために、とにかく金が必要だった。

きれいごとなんていっているヒマはない。ただただ、金が欲しい。

「どうすればたくさん金を儲けることができるのか？」

そんなシンプルな問いの答えを得るために、俺は次々と仕事を替えていくことになる。

仕事には刺激も必要だ

人生、なんとかなるものである。

先にも書いたように、ホストクラブの仕事もガソリンスタンドの先輩が紹介してくれたのだが、次の仕事もホストとして働いていたときの客が紹介してくれることになった。次の仕事とは、いわばホストとはまったく異なる業界、「解体屋」である。

身体を動かすのは好きだったし、「金がそこそこもらえればいい」という単純な考えでその仕事に就いた。はじめてみると、過酷な労働というわけでもなかったが1日で1万1000円くらいの収入にはなった。

金が欲しくてホストを辞めた俺にとって、そんなに悪くない給料だった。でも結局は、4カ月くらいでこの仕事も辞めることになる。

誰かが廃棄や解体したい建物があって、俺たちはそれを解体する。そこから部材を取ったり、廃棄物として処理したりする。ひたすら、その作業の連続である。
そのプロセスに刺激を感じることができなかったし、会社の仕組み上、工夫を重ねて給料を増やすということもできなかった。

仕事には刺激も必要なのだ。

そんな気づきだけを得て、俺ははじめて自分から求人情報をチェックするという行動に出てみることにした。当時はそこまで意識していなかったが、こうしていろいろな仕事に就き、どんどん職を替えることで、「仕事ってなんだろう?」という問いに対する答えに近づいていった。
すべてのものごとに、いい面と悪い面がそれぞれある。仕事だってそうだ。多様な仕事の中身を知ることで、「自分はなにをしていれば満足できるのか」「どんな仕事に向いているのか」といったことを自分なりに学習していったのだ。

話は少し逸《そ》れるけれど、むかしは就職した企業で定年まで働くといったことがあたりまえだった。さすがにいまの若者にはそんな旧態依然とした考え方はないだろうが、俺は自分の経験からもたくさんの仕事をすることを推奨したい。

人間、やっぱり「経験」がものをいうからだ。

もちろんいまの俺があるのも、たくさんの仕事を経験したからにほかならない。それぞれの仕事にはそれぞれの喜びや難しさ、つらさがあって、この感覚を身体に植え付けていくことは決して無駄にはならない。それぞれの経験がいつか、自分にとって生きる知恵やアイデアに変換されるときがくるからだ。

どんな仕事でもまずは精一杯やってみて、自分自身の反応を探ってみる。そして、自分はその仕事を続けたいのか続けたくないのかを、よく考えてみる。その作業の繰り返しが大事なのだ。

当時、同い年の高校生たちは学校という〝狭い空間〟でもそれなりの経験をしていたのだろう。でも、その経験とはわけが違う。中卒だって学べることがたくさんあるのだ。

話を戻そう。

あっさりと解体屋を辞めた俺が次に選んだのは、「鉄筋加工」の仕事だった。職場は、鉄筋コンクリートに使う鉄筋を曲げたり、切断したりする工場だった。トタン屋根の仕事場にはエアコンもない、マジで死ぬほど暑くて劣悪な職場環境だ。

ただ、そんな職場環境にもかかわらず、「この仕事は長続きするかもしれない」という予感もあった。重いものを持つということに妙な魅力を感じた俺は、鉄筋の束をどれだけたくさん持てるかといった競い合いを仲間たちと楽しんでいた。

怖い先輩もいたけれど、それほど仕事に対する意欲への障がいにはならなかった。それに、未経験者の自分にもちょっとした裁量をくれたところが気に入っていた。**「やらされる」だけでは能力は向上しない**。ほんの少しでも自分で考えて、工夫し、目の前の仕事をやっつけるという行為が、その人間を育てていくのだ。

ちょっとかっこいいことを書いたが、実はこの仕事も3カ月と経たないうちに辞めることとなる。なにかが嫌になったわけじゃない。重いものを持ち過ぎて背中を痛めてしまったのだ。身体が動かないのであればこの仕事は続けられない。仕方なしに休みをもらっているうち、身体が回復してもなんだか出勤しづらくなってしまったのである。

たいした意図もなかったが、これまでの経緯や経験から次は建設業界に的を絞って仕事を探してみることにした。この頃になると、自分で業界や仕事内容を考え、待遇ももちろん確認してから職を選ぶという一般的な行為ができるようになっていた。普通のことなのだろうが、俺にとっては大きな成長だ。

そこで選んだのが、「土木の人材派遣」だった。派遣元から要望に応じて現場へ向かうという仕事である。やってみたら面白くもないし、金もさほどもらえない。ものごとをシンプルに考え、それなりの判断を下せるようになっていた俺は、3カ月くらいでこの仕事も辞めることにした。

ここまでの仕事で、1年以上続いたものはなかった。だけど、「自分はこらえ性がないのだな」というような思いも特になかった。

「仕事を辞めたら次を探せばいい」という単純な思考だったので、辞めることに対する罪の意識もなかったのである。

飯を食うために、ちょっと遊びたいために、働く。ただそれだけのことだ。その当時、俺の頭にあったのは50パーセントが「金」で、50パーセントが「女」だった。付き合ったり、同棲《どうせい》したりする相手はいつも確保していたので、あとはどうにかこうにか日銭を稼げばいい。

身体を使えば、世の中には仕事なんていくらだってある。

「さて、次はどんな仕事で稼ぐかな」

そんな気持ちで、俺はあせらず飄々《ひょうひょう》と、また次の仕事を探すことにした。

闇金勤務で知った「金の正体」

次の仕事で重視したのは、ズバリ収入だった。

第2章

覚醒

東京で金を稼ぐ面白さに目覚めて

「職種にはこだわらない」と決め、俺は求人情報誌を手にした。俺でもできそうな仕事で、手っ取り早く稼げそうな求人はなにか？　そこで目にとまったのは、「ファイナンス」というジャンルである。

給料という点だけで見れば、そこには魅力的な求人がたくさんあった。一方、聞いたことのない会社名ばかりが並んでいるのは不気味でもあった。そして、誌面にある情報だけでも、大半はどんな会社か予想がついた。それはいわゆる、「闇金業」である。

法律の上限をはるかに超えた金利で金を貸す、悪徳業者だ。

そんな求人を見ながら、戸惑いがまったくなかったわけでもない。でも、俺はシンプルに、その収入には魅力を感じていた。そして、実際にどんな仕事内容なのかという部分にも好奇心があった。

情報誌からすぐにひとつの会社を見定め、電話をかけた。面接に呼ばれたのは六本木《ろっぽんぎ》の清潔感漂うオフィスビルだ。

なかに通されて、簡単な面接を受ける。それまでまともにオフィスワークなどしたことはなかったが、結果はあっさり「合格」だ。こうして、闇金という未知の世界で俺は仕事をすることになった。

「どんなことをやらされるのだろう……」

そんな警戒心もあった。ひょっとすると返済に困った人に対して、脅迫や恫喝《どうかつ》などをするのかもしれないし、場合によっては実際に人を傷つけることになってしまうのかもしれない。「収入がいい」という理由だけで、本当に従事していい仕事なのかどうかも、怪しいところだった。


そして結局、そのオフィスでなにをやらされたかといえば、ただ「電話の応対」をすることだけだった。言い換えれば、客に対して金を貸してくれる業者を紹介することが俺の仕事だったのだ。

雑誌やスポーツ新聞を見ると、「お金貸します」という広告がよく載っている。そこには誰でも知ってる銀行と同様の、ごく一般的な金利が記されている。だけど、その金利はほとんどが嘘である。

金を借りたいという客が電話をかけてくると、次のような返答をする。

「審査がありますが、簡単なものです。必要事項をお聞きしますので、一旦《いったん》、電話を切って、お待ち下さい」

電話を切り、審査したフリをして、また電話を折り返す。そのときは、「残念ながらお貸しすることができません」と断るのだ。いってみれば、「金を貸さない金貸し」である。

例えば既に2件の借り入れがある客なら、「3件目ともなるともうどこも貸してくれない」と伝える。その理由はなんでもいいが、とにかくこれ以上の借金は難しいと認識させるわけだ。そこで間髪を容《い》れず、その困った客に対して救いの手を差し伸べる。

「うちではお貸しできないのですが、CMなどでもおなじみの業者◯◯さんで特別に借りることができます。いま、◯◯さんがキャンペーン中で、うちとの契約によってすぐにお貸しできるので、こちらから連絡しておきますね。お客様は◯◯さんへ行っていただき、通常の手続きでお金が借りられるよう、わたしが段取っておきます」

そして、この案内にはまだ続きがある。

「50万円でお申し込みいただき、お金が借りられましたら、今回の手数料として3割、15万円をこちらにいただけますか」

こうして客が借りたい金額の3割をちょうだいするのである。実際は、特別なキャンペーンなどなく、50万円くらいなら誰でも貸してくれるだろうという読みで、「紹介したフリ」をするだけで3割も抜くのだ。

めちゃくちゃアコギなビジネスである。


会社はどんどん潤っていった。

基本給は20万円だったが、自分で取り扱った案件の数パーセントはボーナスでもらえる仕組みだったので、1回のボーナスで100万円オーバーなんてこともあった。思惑どおり、頑張ればきっちりもらえる仕事だったのだ。

俺は、金欲しさに燃えた。どうすれば1件でも多く成約できるかを考え、可能な限りていねいな言葉遣いで応対を続けた。罪の意識は多少なりともあったが、頑張れば金になるという部分はやはり魅力的だった。

ところが、俺のやる気をそぐような出来事が起きる。「次のボーナスは結構もらえるぞ」と期待していたタイミングで、社長が突然、「諸事情あり、ボーナスは出せない」と言い出したのだ。理由ははっきりとはわからない。

だけど、こんな商売をする会社だからなにがあっても不思議じゃない。胴元である〝どこか〟に納める金が膨大だったのか、社長が使い込んだのか。いずれにしても、犬も食わないような話なのだろう。

社長のコメントに対する、従業員やアルバイトたちの反応は素早かった。20人ほどいた従業員は俺を含めほぼ全員が一瞬で辞めるという意思を表明して、引き留めやトラブルもなく、あっさりと退職した。

辞める理由は誰もがシンプルなものだ。面倒なトラブルに巻き込まれたくないし、次にまた金をたくさん払ってくれる仕事を見つければいいのだから。

闇金には1年も在籍していなかったが、この会社で過ごした時間は「金」についてあらためて考え、気づきを得る期間にもなった。

いくら金が欲しいからといって、罪の意識を感じながらでは本気で仕事に精を出せないこと。そして、借金は怖いものだということも知った。

オフィスで電話を待っていると、とんでもない客からしばしば借金の相談が舞い込んできた。既にいくつもの闇金から金を借りまくっていて、もうにっちもさっちもいかない状態の客だって少なくなかった。

浪費やギャンブルが原因で、既に15件も借金を重ねているなんて話を聞くと、仕事とはいえ少しだけ同情してしまう自分もいた。もうそんな奴、自己破産するか首を吊《つ》るかしか残された道はないだろう。

そんなだらしない奴がいたかと思えば、親が借金まみれでその返済のために仕方なく金を借りたいといわれたとき、俺自身の境遇とも重なる部分を感じ、痛ましい気持ちになったこともあった。

そして、金の正体も知った。

生きていくうえで金は不可欠だが、同時に金はとてつもなく怖いもの。

またしても仕事を失った俺だったが、さすがに次こそはまともな職に就きたいと思っていた。闇金でボーナスがもらえないという事件があったことは、自分にとっては幸いだったと思う。この事件がなければ俺はいま頃、「反社の王」になっていたかもしれない。

当時、俺は18歳。何度も職を替えふらふら生きていたこともあり、人生を見つめ直していた。これまでいかに適当に生き、適当に仕事をしてきたかと反省する気持ちが芽生えてきたのである。それまでに体験してきたすべての仕事は、自分の経験として無駄にはならなかった。でも、さすがに職を替え過ぎた。

はっきりとした方向こそわからなかったが、俺はしっかりと努力をして、なにかを目指し、満足感のある人生を送ってみたいと生まれてはじめて思うようになっていたのだった。

「コンクリート打設」という天職との出合い

闇金の会社から去ったあと、これまでとはだいぶ異なる感覚で職安に行った。給料という視点を最優先させることは変わらなかったものの、「まともな職」であるかどうかということが、仕事選びのひとつの基準として加わったのである。そして目にとまったのが、そのあとの人生を左右するキーワードである「コンクリート打設」だった。

これまでと同様に、その仕事がどんな内容なのかたいして想像もつかなかったが、少なくとも〝まともな仕事〟には思えた。

面接を受けて採用が決まった。いざ仕事をはじめてみると、特に面白いとか、やりがいがあるとか、金がたくさんもらえるといったポジティブな印象はまるでなかった。一方、大きな不満や深刻な問題もなかったのだが、いかんせんそこの社長が適当な人で……これから真剣に仕事をしようとしている俺にとって、あまり相応しくない職場だと感じてしまった。

そんな理由で2カ月かそこらでこの会社をあっさり辞めてしまったのだが、めげることなく次の職場探しに気持ちを向けた。


それ以降も、ひとつの会社に落ち着くことはなかったが、次の仕事も、その次の仕事も俺はコンクリート打設の会社を選んだ。理由は単純で、「なんとなくこの仕事が合っているかもしれない」という直感と、「経験者求む」の謳《うた》い文句に惹《ひ》かれたからだ。経験者といっても数カ月ごとに勤務先を替えていたから、先方のニーズにあてはまっていたかどうかは疑問ではあるのだが。

だけど、「経験を積めば少しずつ道が拓《ひら》けてくるのではないか」という予感もどこかにあった。多くの人にとってあたりまえの話かもしれないが、**ひとつのことを続けていれば、いずれその道のプロになっていくことができる。**これまで職種を選ばず仕事を探していたが、「コンクリート打設の仕事で経験を積むというのも悪くないな」という考えが、どこかにあったのだ。

コンクリート打設の仕事とはどんなものか、少し説明しておきたい。

まずは客から、何時にどの現場へ来てほしいという依頼を受ける。小さいポンプ車ならひとりで車に乗って現場へ行き、生コンクリートを建築物の土台となる部分に入れる。俺が生コンを入れたあとは、ほかの業者がそれをきれいにならしたり、そのほかの作業を行ったりする。

俺は生コンを入れるだけで仕事を終えるが、小さな建物の基礎であれば数十分、巨大な施設の基礎なら朝から晩まで、現場のスケールによって仕事にかかる時間はまちまちだ。

小さな住居の基礎なら土台の部分に生コンを流すだけだが、マンションとなれば基礎だけでなく、「ブーム」と呼ばれる折りたたみ式の装置にホースを取り付け、生コンをポンプで上層に吸い上げてから流すという作業になる。いわば、コンクリート打設において活躍する車がポンプ車であり、この車を駆使して、あらゆる現場に生コンを流していくという仕事がコンクリート打設である。

この仕事のプロセスで求められるのは、なにより正確性だ。あたりまえだが、コンクリートは放っておけばすぐに固まってしまう。作業中、手を抜いたり、打ち合わせが足りなかったりすると、適切なスペースに適量の生コンを素早く流すことができない。例えば生コンの量が多過ぎれば、あとで平らにする業者も苦労するし、それこそ固まってしまえば取り除くことも難しくなる。

また、大きな現場であれば生コンを積んだミキサー車が次々と何台もやってきて、ポンプ車へ生コンを送る。1時間のあいだに30台のミキサー車が次々とやってくるなんてこともあり、ポンプ車は送られてくる生コンを数時間かけて流し続けるのだ。このような場合は、作業が円滑に進むようポンプ車をコントロールし、生コンが固まってしまわないようにきちんとスケジュールを組み立てながら、正確に、ていねいに生コンを流していかなければならない。

第２章
覚醒
東京で金を稼ぐ面白さに目覚めて

超高層ビルなどでは、それこそ３００メートルほども上に生コンを送る必要がある。そのような現場では化け物のような機械を使って、超高圧で生コンを送り出すことになる。このレベルになるとどんな配管を使うか、どれだけの量の生コンを送るかといった適切な作業計画、さらにはあらゆる工夫と技術、注意力を要する。

求められる技術や感覚は現場によって異なるため、やはり経験を重ねることが大切だ。ただ車に乗って現場へ行き、生コンを送ればいいというわけではないのである。

いろいろな問題もあり、俺は所属する会社を転々としていくが、3社目はたまたま東京でもっとも大きなコンクリート打設の会社で、また違う世界を見ることができた。ポンプ車を40台ほど所有しており、それこそ首相官邸や放送局など、社会的に重要な現場というスケールの大きな仕事に携われたことが、モチベーションを向上させていった。誰もが知っているような施設の建築に自分も携われているという、これまで味わったことのない「誇り」も感じた。

俺に限らず、現場の人間はみんなそろって気性が荒い。よって、些細《ささい》なことで親方や先輩と喧嘩《けんか》して班を異動させられるなど面倒な局面もあったにせよ、俺はこのコンクリート打設という仕事と真剣に向き合うようになっていた。

その頃、闇金時代に知り合った女と20歳ではじめての結婚をした。

ひとつの会社にずっと落ち着くことができなかった俺だが、家庭ができたことで働く意欲は高かったし、なによりコンクリート打設の仕事での経験を重ねることができていた。

これからの人生がどうなっていくのか、どうしていきたいのかはまだまだ見えていなかったが、コンクリート打設の仕事を続けることで、どこにも行き場のない状態ではなくなっていた。運が良かったとも悪かったとも思わない。ただ、向かう先はわからなくても、ひたすら行動していたからこそ、なんとか生きていられたことだけは間違いなかった。

生コン業界のジャーニーマン

3社目となった東京でもっとも大きなコンクリート打設の会社で、俺は不満なく働いていたのだが、この会社は資金繰りがうまくいかなくなり、倒産してしまう。

どうしようもない理由で退職を余儀なくされるのだが、次に勤務した4社目となるコンクリート打設の会社では1年半も働くことになり、それは自分史上最長期間だった。一般の人からすれば1年半は短い期間になるが、俺にとっての1年半はかなり長い。それなりの経験を積んでいたこともあって、この頃、仕事のために大型免許も取得した。

俺は車の運転が大好きだったから、早いところポンプ車を運転したいと思っていたのだが、それまでの会社は経験の浅い新人に運転を任せてはくれなかった。でも、4社目の職場はそもそもドライバーが足りないという問題を抱えていて、俺にすぐポンプ車の運転や操作を任せてくれたのだった。

念願だったポンプ車の運転は想像以上に面白かったし、先輩や仲間たちも優しくしてくれた。大きな現場もたくさん経験できて、自分の技術が日に日に向上していくのを実感していた。月給もコンスタントに40万円ほどもらえ、不満はなにもなかった。

そしてある種の充実感を感じていた時期に、俺は「ナンパ」されることになる。ナンパといっても仕事上での誘いである。「いまより給料上げるからうちに来ないか？」と、はじめて勤めたコンクリート打設の会社から誘われたのだ。そう、俺が「適当な社長」だと思っていたあの社長である。

コンクリート打設の仕事でそれなりの経験を積んでいたこともあり、その誘いに乗っかって勤務先を替えることにした。仕事をこなすことには自信があったし、金もたくさんもらえるという話だったので不安はまったくなかった。

ところが再びこの会社で働きはじめた途端、仕事ではじめて挫折《ざせつ》を味わうことになる。それまでどんな仕事も職場も長続きはしなかったが、会社を辞めた理由に「仕事が難しかった」とか「仕事がうまくこなせなかった」というものはなかった。だけど、ナンパされて出戻りしたこの会社で、「仕事ができない。どうすればいいんだ」と悩むことになってしまったのだ。

かつて在籍した会社では、大型ポンプ車でスケールの大きな現場に生コンを流すという業務を経験していた。そのような現場で求められるのは、とにかくスピーディに、正確に、生コンを流すことだ。

ところが、出戻りした会社で依頼されるのはスケールの小さな現場が大半だったのだ。こうした小規模の現場で求められるのは、ゆっくりとていねいに生コンを流すという手法なのである。俺が慣れ親しんだやり方は、多少、生コンが飛び散ってしまってもとにかくスピード優先でよかった。

それで問題なかったのに、小規模な現場でこれをやると飛び散った生コンの汚れが問題視されてしまう。小型ポンプ車の操作にも不慣れで客先に怒鳴られることが増えてしまった。

大型ポンプ車を乗りこなし、大きな現場での経験を積んでいた俺には、正直、慢心があったのかもしれない。自信満々でやってきたのに、とてつもない挫折を味わい自信を失っていった。

「この会社で仕事を続けられない。それどころか、ポンプ車の仕事はもうできない」

かなりの落ち込みようだった。「ようやく天職のようなものに出合えた」と思っていたからこそ、余計に落ち込んだのかもしれない。この仕事を辞めて、嫁の実家に引っ越そうと決意した。「食うためにまたガソリンスタンドの仕事でもやろう」と本気で考えていたのだ。

ここで生コン業界から離れていたらいまの俺はなかった。でも、縁というのは面白いものだ。俺をこの業界に引き留めようとする、ちょっとした出来事が起きるのである。

「うちでポンプ車を新しく買うんだけど、誰かいい職人さんはいないかな？」

辞めることを決意していた俺に、そんな問いかけをしてきた取引先の人がいた。俺が当時の会社を辞めようとしていることも薄々感じていたようで、なぜ俺に声をかけてくれたのか本意こそわからなかったが、俺の心は確実に動いた。

「おまえは、まだこの業界に未練がある」

そんな声がどこかから聞こえたような気がした。そして俺は、こういった。

「俺じゃ駄目ですか？」

そのひとことに、「自分にポンプ車を任せてもらえないか」という思いを込めた。挫折を味わったものの、この業界でやれるという自信が少しだけ残っていたのかもしれない。そして俺の思いは受け入れられた。まさに、「拾う神あり」である。ほどなく、生コン業界で延べ6つ目の会社に入ることになる。

ここまできたら、まるで生コン業界のジャーニーマンだ。

「独立」という選択肢の出現

厳密にいえば、次の会社はポンプ車の手配も行うのだが、それがメインというより建設の基礎部分を請け負う仕事を中心に行っていた。ポンプ車の手配を依頼される側でなく、依頼する側だ。とはいえ、仕事の概要は理解していたし、やることはさほど変わらない。ポンプ車を1台任せてくれるという条件は聞いていたとおりだったし、給料がこれまでにないくらい良かった。

任されたポンプ車で1件現場をこなせば、1万3000円もらえるという破格の条件だったのだ。この会社が請け負う作業内容から考えて、午前に1件、午後に1件ポンプ車をまわすのは通常業務だと計算できた。そうなると、俺の懐には1日で2万6000円ほど入ることになる。

社長は「仕事はそんなにないから」といってはいたものの、俺は件数を増やせば増やすほど給料がもらえるという状況に、はっきりいって燃えた。そして、自分で勝手に営業しまくった。現場ではだれかれ構わず、請けられる仕事がないかを聞いてまわり、仕事をくれそうな相手には、こちらから積極的に連絡してできることを明確に伝えた。

あくまでも〝俺流〟だが、営業には作法があると思っている。

ひとつは、**とにかく元気に振る舞う**こと。元気のない奴でいるより、とにかく元気を見せて相手にアピールすることがまず肝心だ。

そして、**相手を選ばず、ひたすら自分の思いや仕事の中身、達成したい目的などをしゃべりまくる**こと。しかも、それは大声でしゃべりまくることがポイントだ。誰がどんな仕事をくれるかなんて、神でもない限りわかるわけがない。だから、**「この人は仕事をくれるかな」なんて打算的な考えを持たずに、ひたすら自分自身や仕事の中身をアピールする。**

大声で話せば、近くにいる知らない人が俺の話を聞いていてくれるかもしれない。いつ、どこで自分の望むトビラが開くかなんて、わからないのだ。

さらに、これはいまでもやっていることだけど、**営業先を訪問する際には、相手が驚くほどの土産や食べ物、飲み物を持っていく**ことも徹底した。相手がひとりだったとしても、缶コーヒーであれば10缶渡すのである。もちろん、単純に持参したものをありがたがってくれる人もいるだろう。

けれど、重要なポイントはそこではない。

「自分はほかの人間とは違う」という印象を、相手に強く刻み込むことだ。

自分が勤めている会社と、価格も仕事内容もさほど変わらない競合他社なんていくらでも存在する。相手にしてみればどこを選んでもたいした差はない。ならば、強い印象を与えたほうがいいに決まっている。

土産物の量でも、服装でも、雑談の内容でもなんでもいい。少しでも相手に選ばれやすいよう、とにかく自分を印象付けるのだ。

また、会話術のようなものもある。

「数字」と「自信」と「サービス」を会話のなかにきちんと盛り込むことを忘れてはならない。数字を出すことでビジネスの会話は途端に信憑《しんぴょう》性を増す。話の端々に数字を登場させれば、相手がうなずく回数だって確実に増えるだろう。

自信をのぞかせるのも大事だ。自慢話になり過ぎないようさりげなくアピールする。「この分野において、自分は絶対的な自信がある」という雰囲気を、言葉と態度でほどよく醸し出すのである。

相手の選択肢のなかで上位に食い込んだなと感じたときは、自社のサービスもきちんと営業トークに盛り込みたい。

「うちならこんなサービス、おまけがあるよ」と伝えるのだ。それが、最後の決め手になることも多い。**注意すべきは、自信も、サービスも、アピールし過ぎず、さりげなく小出しにする**ことだろう。

これは仕事に限らないが、自慢ばかりする奴の話は誰だって聞きたくないよな？

自分勝手にはじめた営業活動は想像以上に反響を呼んだ。毎日、コンスタントに２件は仕事のある状態が続き、ときには時間をやりくりして3件の現場へ行くなんてこともあった。結果としてどうなったか？　給料が驚くほど跳ね上がった。月給で70万を超えることもあったほどだ。金がなくて苦しみ、いろいろなものを制限されてきたそれまでの人生だったけれど、ここにきてはじめて、少しだけ「金持ちになった」という実感を得ることができた。

営業活動が功を奏し、仕事は溢《あふ》れ返った。「自分の力でこの会社を大きくしてみたい」という意欲も出てきた。もっともっと仕事を増やして会社を大きくし、自分も大金を手にしたい。非現実的な目標ではなく、現実的な目標としてそれははっきりと見えた。そこで俺はポンプ車の増車を会社に提案した。

新しいポンプ車のためにオペレーターの増員も提案し、これが受け入れられ、俺の思惑どおりにことは運んだ。ポンプ車もオペレーターも増え、仕事も相変わらず多かったので、当初はすべてが順調のように思えた。

ところが時間が経つにつれ、自分の望むような状況になっていないことに気づく。俺は以前と同様にポンプ車を運転し、現場で生コンを流し、営業にもいそしんだ。ポンプ車もスタッフもそろっているから、とてつもなく忙しくなればこれまで以上に金がもらえると高を括《くく》っていたのだ。

でも実は、ポンプ車が1台増えたからといって1日、何十件も生コンの流し込み作業をこなせるわけではない。なんとなく、遠方の現場は自分が出向き、近場の現場は別のポンプ車に任せるという流れになっていたこともあって、俺は忙しくなるばかりで現場をこなす数が少しずつ減っていった。

完全な歩合制だったので金が欲しければひたすら現場の数をこなせばよかったのだが、社内のポジション上、そうはいかずに給料の減少につながってしまう。

いまから思えば、社内のシステムを変えてもらい、自分の取り分を増やすことができたかもしれない。

だが、当時の俺にはそんなアイデアは浮かばなかった。自分は頑張っているのに以前より給料が減ってしまったことに対して、大きな矛盾を感じるばかりだったのだ。

経験も技術もアイデアもある。しかも、誰より努力だって重ねている。

なのになぜ、給料が下がるのか？

そんなやり切れない思いから、毎晩のように飲み屋で愚痴をこぼすようになっていた。ようやくチャンスがやってきたと感じた途端に問題が生じるといったことが何度も続き、正直なところ疲れていた。

「頑張っているのになぜうまくいかないのか？」、そんなことばかりを考えていたので、飲み屋では愚痴を連発するようになってしまっていたのだ。

飲み屋に同行していた仲間もウンザリしたのだろう。ある晩、「やってらんないよ」と愚痴る俺に対し、こう返されたのだ。

「そんなに嫌なら、もう自分でやればいいじゃん」

その言葉を聞いた俺は、瞬間的に「それだ！」と感じてしまった。自分で会社を興すなんて具体的に考えたこともなかったのに、そのときは、「それしか生きる道はない」という直感が働いたのだ。

40万、50万、60万……と給料が増えていったときは、その延長線上にしか未来はないと思っていた。

ただ、自分の知らないうちに機は熟していたのかもしれない。飲み屋でのちょっとした会話で、「独立」というこれまでになかった選択肢に気づかされ、結論はあっさり出た。

「もう、やるしかない」

決断は素早かった。少年の頃、「社長になる」と適当な夢を描いたことがあったけれど、それが現実になるときが訪れたのである。

それまで、さしたる目標もなくふらふらと生きていた。でも、仲間からのひとことで、明確な目標が見えたような気がした。

霧深い山中を途方に暮れながら歩いていたら、急に霧が晴れ、はるか彼方《かなた》にくっきりと山頂が見えたような感覚——。

俺は自分で会社を立ち上げて、自分の思うように運営し、その会社をとんでもなく稼げるものにする。

ようやく、目指すべきものができた。
東京一、いや日本一のコンクリート打設の会社をつくろう!
それこそが、目指すべき山頂だ。

「ようやくテッペンが見えた」

もう迷いはない。
死にもの狂いで、テッペンを目指すのだ。

第3章

船出

ポンプ車1台からのスタート

俺の行く手をはばむもの

独立すると決めてから、まず金の計算をはじめた。とにもかくにも、ポンプ車を購入しないことにはなにもはじまらない。当時、1台で約1600万円というポンプ車の購入資金をどう調達すべきか、金がない俺にとっては悩ましい事態だった。

当時、俺は23歳。金が入ったらすぐ使うたちだったので貯金なんて一銭もなかったし、資金調達の方法も知らなかったので、ひとまず商工会議所に出向いて相談することにした。そこでは国金（国民生活金融公庫）からの融資をすすめられ、人生ではじめて事業計画書なるものを書いた。目標融資額は1600万円に設定した。

結局、国金からは300万しか借りられなかったのだが、ポンプ車の販売元からは頭金400万を入金できればリース可能とのことだったので、当時の嫁の両親から100万円を借りることで、なんとか頭金のメドがたった。加えて、運営資金を用意すべく、独立までの8カ月間は貯金にいそしみ、なんとか200万円ほど貯めた。

同時に、勤務先の会社には独立する意思を伝え、「独立後の1年間は、少しでもいいので仕事をまわしてほしい」と頼み込んだ。これまでの人脈を利用して営業すれば客先から直接、仕事はもらえると思っていたが、そんなことをしては会社に申しわけがたたない。どんな業界だってそうだが、独立するにあたって「仁義」は必要だ。よく独立と同時に客をごそっと持っていく奴がいるが、それでは筋がとおらないだろう。それこそ、不良仲間や反社の世界だって、たとえ法律は破ってでも筋だけは大切にする。これから独立するうえでもっとも大切なのは、こうしたマナーだと俺は考えた。

なんとか独立までの段取りをこなし、個人事業主としての起業日を2007年の3月と定めた。それまでは会社に在籍しながら独立の準備を進め、あとは流れに沿って行動するのみだ。

ところが独立までのこの数カ月間で、予想外のピンチに見舞われる。2006年12月、つまり独立まで3カ月を残した時点で、「もう次の人間が決まったから、辞めてもらっていい」と社長から告げられてしまうのだ。俺は、「そういうことかよ」とあきらめつつ、この〝解雇通知〟を受け入れざるを得なかった。

さらに追い打ちをかけるように、社長は俺の独立を妨害しはじめた。なんと、調達予定だったポンプ車の購入を邪魔してきたのだ。納車予定は2007年の3月と決まっていたはずなのに、社長がどこかでなんらかの手を回し、納車予定日から1カ月も遅れる事態となってしまった。これでは、会社をスタートさせても肝心要《かなめ》のポンプ車がないという状況になってしまう。でも、俺に成す術《すべ》はなかった。

同僚からはこんな話も聞かされた。

「社長が各所で、『たっちゃん（俺の呼び名）のことを潰《つぶ》す』といってるぜ」

残念だし、悲しい思いでいっぱいだった。会社にはこれまで十二分に貢献してきたつもりだったし、かなり儲《もう》けさせたつもりだった。独立起業の意思もきちんと伝え、自分なりの仁義もとおした。確かに当初、社長は俺の独立に対して渋い顔をしていたが、話し合いを重ねてすべての了承は取ったはずではないか。

でも実際には、社長が「小澤とは付き合うな」とあちこちで触れ回っていたらしい。きちんと話をつけたはずなのにこれほど大人気ない邪魔をするなんて、信じられない思いだった。結果だけ見れば、社長は俺の独立に対して最後まで納得していなかったということだろう。

俺は当時、この一件について思考を重ねた。

「こうした邪魔を回避するためには嘘をついて辞めればよかったのか？」

「競合することを前提に、最初から敵対心を剝《む》き出しで行動すればよかったのか？」

いや、そうじゃない。結論はどっちも「ノー」だ。俺は正しく行動したはずだ。社長の意地が悪いだけだろう。だから俺は、「こんなダサい社長には絶対にならない」と心に決めた。

「反面教師としてこの一件を忘れないでおこう」

それが俺の答えだった。

そして気分一新、トラブルを乗り越えて、たったひとりの船出を迎えた。当初こそ個人事業主としての独立だったが、やがては法人格にして驚異的な成長を遂げよう。そして、これでもかというほど金を稼いでやる！

「小澤総業」の歴史が、ここからはじまっていくのだ。

やるならド派手に。ただし計算ずくで

社長の妨害にあったことで、逆に俺は気兼ねなくこれまでの客先に営業をかけることにした。だってそうだろう？　俺の仁義を邪険に扱われたのだから、「やられたらやりかえす」しかない。すると、付き合いのあった客のうちの半分くらいが、俺の会社に仕事をまわしてくれることになった。

ポンプ車で現場へ向かって、熱心な営業活動もやる。そんな日々の繰り返しが続き、独立直後から尋常ではない忙しさに見舞われた。そして、とにかく前だけを向き、がむしゃらに仕事をこなしていった。

その間、必要に応じてポンプ車を1台、また1台と追加していった。経営なんてなにも

わからない20代半ばの俺が独立し、少しずつ組織を大きくしていく現状に、自分でも「すげえじゃん！」と賞賛したくなるような数年間だった。

中卒だし、高校もたいして行かなかった。あたりまえだけど、大学の経営学部で経営を学んだことなんてあるわけがない。つまり俺は、経営のド素人だ。とはいえ、もちろんなにも考えずに運営していたわけではない。

いつでも、「失敗するかもしれない」と最悪の事態を想定して行動したのだ。

「1600万円のポンプ車を購入したはいいが、失敗したらどうすればいい？」

そんな疑問が生まれれば、すぐにポンプ車を中古で売ればいくらになるかを調べてみた。中古だと1000万円くらいで売れるから、残りの借金は600万円程度。これくらいなら得意のガソリンスタンドで働いて、どうにかこうにか返済できるだろうという金勘定をした。

最悪の事態が起こることを想定し、できる限りのシミュレーションはしておく。

俺は、決断するまでの時間も一般人の100倍は速いし、行動を起こすまでのスピードも〝光速〟だ。だけど、最悪の事態を想定しておかなければ、素早い決断も行動もただの「無謀」で終わってしまうかもしれない。

生まれた直後から底辺中の底辺を生きてきたこともあって、「最悪」を想定するのは慣れっこだし、その最悪の事態すら怖くもないのが俺の持ち味でもある。いつだってどん底に落ちる心構えは持っている。そんな心構えを前提とした決断と行動の連続が、いまの俺をつくってきた。

もうひとつ、当時の俺を支えた原動力は「欲」だ。生活する金、遊ぶ金、ブランド服、女、車……。いつだって貪欲《どんよく》にそれらを求めていた。この飽くなき欲を満たすためには、猛烈に金を稼ぐ必要がある。いくら稼いでも、がめつくいくしかない。ある程度の金額で満足していては、欲を最高潮まで満たすことはできないのだ。

もちろん遊びに飽きて新たな目標があるいまは、そんな欲まみれな時期はもう過ぎ去ったのだけど、ジリ貧だった過去が影響しているのかもしれない。いまでも、どれだけ稼いでも危機感に苛《さいな》まれている自分がいる。会社は大きくなる一方で維持費がかかるし、様々な商品の開発にだって莫大《ばくだい》な資金がかかる。だから、どれだけ稼いでも気が休まらないのだ。

さらに、どんなことでも「ド派手にやりたい」という目立ちたがり屋の性分がある。ビジネスでも遊びでも、やるならとことん派手にやりたい。特に独立してからしばらくのあいだは、「派手にやりたい」という欲が猛烈に強かった。

目指すは、とんでもない「大金持ち」

「スタートは1台だったポンプ車を、ゆくゆくは10台まで増やす」というのが、独立時点での目標だった。売上金額も大事な目標ではあるが、自分の目の前に自社のポンプ車を10台並べてみたい——そんな見栄《みえ》っ張りな気持ちが、俺を掻《か》き立てていた。

この目標を達成するために、精根尽きはてるほど、嫌になるほど仕事に打ち込み続けた。

「この仕事を断れば次の依頼はない」という恐怖心のようなものもあったので、どんな仕事でも「断る」という選択肢はなかった。どうしても自社のポンプ車を出せないときは、赤字でもいいから、仲間の会社に頼んでポンプ車を出してもらったほどである。

体力の限界なんてとっくに超えるほど働きまくっていたから、ありがたいことに仕事は順調だった。これは世の常だけど、頑張れば頑張っただけ結果はついてくるのである。それこそ、客先からの電話が鳴るのが怖いくらい、忙しい日々が続いた。

生コンをいちど流すと、天候や気温にもよるが、1週間くらいかけてゆっくりと固まっていく。最初の1日は特に養生期間として重要な時間となるので、その日はたいてい、現場の人が少なくなる日曜日になることが多かった。

そのため、金曜日や土曜日に生コンを流すというスケジュールが多くなる。こうして週末は極めて忙しいというサイクルとなり、毎週、木曜日あたりになると、憂鬱《ゆううつ》になるほどだった。営業力もあったと思うが、仕事ぶりを評価してくれた客先から違う客先への紹介というかたちで仕事が増え続け、次々と新規の案件が舞い込んできた。

独立当初は、ポンプ車1台、作業者も俺ひとりというスタートだったので、現場では生コンを打ちながらイヤホンマイクを装着。連絡があればすぐ対応できる状態にしておき、生コンを扱いながら、電話をしてメモを取るなんていう離れ業をやってのけた。

第3章

船出

ポンプ車1台からのスタート

そして、独立から5カ月ほども経った頃に、ポンプ車1台では仕事がまわし切れなくなり、2台目のポンプ車購入に踏み切る。またしても大金が必要になったわけだ。その頃はまだ個人事業主のままだったたし、業界内での信用もそこまでなかったので、「保証人を4人つけろ」という条件での借金は恐怖でもあった。でも、ポンプ車を増やすのが目標だったので微塵《みじん》も躊躇《ちゅうちょ》はなかった。

ポンプ車を1台増やせば、担当する人間が最低でもひとりは必要となる。だから1台増やすごとに従業員をひとり増やすという具合に、車も人も、少しずつ増やしていった。

あまりに忙しくて、文字どおり目がまわりそうだったが、経営としては順調そのものだった。独立前に思うように金がもらえなくて愚痴をこぼしていたことや、独立時にポンプ車の購入を妨害されたことなんて、それこそどこかに吹き飛ぶような破竹の勢いで、仕事は増えていく。

当時の俺の計算では、ポンプ車6台、スタッフ6人のレベルを超えたら事務員を雇うことができて、それこそ俺が現場に出ずとも事業はまわるという見通しだった。「まさに俺の天職じゃねえか」といった確信めいたものはなかったにせよ、自分にはそれなりの技術があるし、営業能力だってあると自負していた。

事業が成長するに伴い、経営までこなせるという自信もどんどん膨らんでいく。結局、独立してから毎年2台ずつポンプ車が増えていき、快進撃は止まらなかった。２０１１年には独立5年目にして目標のポンプ車10台を達成。この年には法人化し、「小澤総業株式会社」の看板を掲げて、さらなる高みを目指すことにした。

当時の俺は、まだ28歳だ。心身ともに充実し、これからどんなでっかい目標でも達成できるような気持ちになっていた。

この急成長のあいだには、「人を雇う」という未知の体験も味わった。建設関連の業界には、俺のようにロクな教育も受けていないとか、素行の悪い連中も相当、多い。そんな一癖も二癖もある人間を雇い、こちらの指示どおりに動かすには、暴力や暴言で押さえつけるしかないとも思っていた。

恐怖を部下に植え付け、俺の指示には絶対に従わせる――。それしか方法はないと信じていたのである。

しかし、怖いだけでは従業員はどんどん辞めてしまう。そこで俺は、まるで〝職人気質《かたぎ》の親方〟のように振る舞うことにした。従業員がしようもないことをすれば激怒し、暴力や暴言で圧倒したあとは、酒場に飲みに連れ出して優しい言葉をかけるなど、いかにもそれっぽいことをしたわけだ。

そうすれば若い従業員は俺を慕ってついてくると考えていた。事実、急成長した独立から5年ほどのあいだは、そんなやり方で問題は生じなかった。「俺の信じるやり方を貫いたからこそ、会社は伸びた」と信じて疑わなかった。あとになって、このやり方は大きな間違いだったと気づくことになるのだが……。

ポンプ車10台所有という目標までは、良くも悪くも一直線に突き進んでいけた。それこそ一心不乱に、がむしゃらに突っ走った。ただ実のところ、その目標に手が届くかもしれないと感じた頃から、俺には邪心が芽生えはじめていたのだ。

「とんでもない金持ちになって、やりたいことは片っ端からやろう」
「これまでの自分を知っているすべての人間を、いつか見返してやろう」

いま思えば、そんなどうでもいい感情が湧き出ていたのである。年収が1000万円、2000万円……と面白いように増えても満足できなかったし、あろうことか、「楽して儲けたい」なんてことまで考えはじめる始末だった。

純粋に事業を大きくすることだけを考えていながら、金を持つことで自分が変わっていくことを薄々感じていたのだ。

際限なく遊ぶ、狂乱の日々

社長として会社を成長させ、自由にできる金も一気に増えた。俺は、はっきりいって調子に乗っていた。高級レストランで食べたことのないものを味わったり、意味もなく高級ホテルに泊まってみたり、そんなどうでもいいことに時間を費やすようになった。せっかく稼いだ金を恐ろしい勢いで散財するようになっていたのだ。

飲み代なんて、1日に10万円、20万円使うのはあたりまえだった。当時は1軒の飲み屋

第3章

船出

ポンプ車1台からのスタート

で、100万円くらい使うことも珍しくなかったほどである。

しこたま飲み食いしたあとは、その流れで女を〝狩り〟に行く。中高生の頃から「自分はモテる」という自負はあったが、金を手にした俺は、「メチャメチャ、死ぬほどモテる」という状態にあった。女を口説くのも、仕事の営業とまったく同じやり方だ。自信とサービスをほどよく織り交ぜながら、行き過ぎた自慢話にならないよう、うまく言葉をコントロールすれば大抵は、いける。

嫁もいたし、子どもも3人いて満足する時間を送っていたが、それでも夜の街に出て女を狩ることに夢中になった。そういう遊び方をしてこなかった反動だろうか？　すさまじいまでの性欲にまかせて、俺は女とともに夜を満喫した。

あの頃、なぜそこまで女を求めていたのだろう？　きっと、自分のなかにある「渇き」を潤したかったのだと思う。性の対象として女を求めていたが、結局は「癒《い》やし」を与えてくれる相手を探していたのだ。

嫁がいても愛人がいても、いつだって渇いていた。幼少時に、母親からの愛情を十分に受けられなかったからかもしれないし、貧しさや苦しさが渇きの原因になっていたのかもしれない。

どれだけいい女に囲まれても、どれだけ女と付き合っても自分の渇きが癒えることはなかった。

だからこそ、女を求め続けた。

女の次は、車である。もともと車は大好きだったので、個人で所有する車の台数も少しずつ増えていった。30歳過ぎぐらいまでに乗った車は、クラウン、ポルシェ、ハマーにフォードなどなど……。多いときは、7台ほどの車を所有していたこともあった。おまけにカスタムが趣味になってからは、車にかける金額がますます増えていく。1台に2000万円分の大改造を施したこともある。そんなことは金の無駄遣いと頭では理解していたが、大好きな車に金をかけるのは最高の喜びでもあった。

こうして20代後半から30代前半頃までは、派手で荒い金遣いが続いた。月給の額面はおよそ200万円程度。それに加え、会社の経費で月300万円くらいは平気で飲み食いしていただろうか。

我ながらバカだったと思うが、無意識のうちに幼少期や10代の頃のジリ貧時代を「なんらかのかたちで取り返してやろう」という気持ちがあったのかもしれない。自由に使える金が増えたことで、俺のなかでなにかがおかしくなっていた。

つくづく金とは人間を狂わせるシロモノだ。

俺だけじゃない。人類全体が金によって狂わされている。金がなければ食べることもままならず、犯罪に走るケースだって必然的に増えていく。金をもらって強盗や殺人までする人間が世界中にゴロゴロしているのが現実だ。貧困とは、人の理性を失わせるパワーを持った怖いものなのだ。

金を手にしたら手にしたで、いい塩梅《あんばい》に使える人間は少ない。俺の場合は段階的に金を手にしたからまだ良かったものの、なにかの事業がいきなり大当たりするとか、仮想通貨で儲けるとか、一気に数億、数十億と手にすれば人生が崩壊してしまうことだってある。

そして、世の中を見まわしてみれば、唸《うな》るほどの金を持ちながらも、困っている人を助けることすら考えないバカばかりだ。

つまり、**「金さえあれば幸福になれる」なんて嘘っぱちなのである。**

金とは、人をどこまでも狂わせるものなのだ。金がなさ過ぎても、金があり過ぎても人生を難しくさせる。俺もいまならそう思えるが、30歳頃までの俺は、金の恐ろしさなんてちゃんとわかっていなかったのだった。

この時期、家庭をまったくかえりみずに遊びまくっていたことは否定しない。嫁との関係もすっかり冷め切っていて、愛人も数人いた。次第に家へ帰るのがおっくうになり、嫁とは別居となった。別居はそこから3年ほど続くのだが、子どもたちは大好きだったので、俺なりの葛藤《かっとう》はあった。

どんなに遊んでいても、家へ帰らなくなっても、子どもたちには申しわけない気持ちしかなくて、遊んでいても心に虚《むな》しさだけが募っていった。家族が金で困るような状況は絶対につくらないと決めていたので、どれだけ家から遠ざかっても金銭的な面倒はみるようにしていた。

結局、俺たち夫婦は別居のあと離婚する。家の外でたくさんの女性を知ったという、非難されても仕方ない側面もあるが、ほかにも理由はいろいろあった。苦渋の選択でもあったが、このときの俺は離婚が最善の策だと判断した。もちろん、子どもたちへの愛情はまったく変わらなかった。

これからどんなことがあろうとも、生活苦になるようなことはしないと誓い、3人いる子どもに対してはひとり月20万、さらに住宅ローン、携帯電話代金、光熱費など、合わせて毎月100万円ほどを元嫁に支払い続けている。

それにしても、まったくもってダメで最低な父親だ。俺自身が、親の都合で嫌な思いをしてきたのに、自分はまったくいい親になれていなかった。いくら金銭的に不自由をさせないとはいっても、子どもたちにはさみしい思いをさせている。

金や女に狂った俺は、親として、男として、あまりに未熟だった。

信頼していた部下たちの裏切り

小澤総業は急成長を遂げ、同時に金遣いも荒くなり、度が過ぎた遊びに興じた20代後半から30代前半。仕事はバンバン入ってくるし、現場をまわせる従業員がきちんとそろっていたので、俺はすっかり慢心していた。オフィスに行くのも適当な感じで、いまとなっては情けない限りである。

なんの不安もなく現場から離れられたのは、とりわけ優秀な従業員が「ふたり」いたことが大きかった。全方位に目配りしながら仕事ができて、どこまでも信頼できるふたりの〝番頭〟である。俺は会社にちょっとふらふらと顔を出すだけで、なにもせず彼らから仕事の成果を聞き、金勘定するだけで十分だった。

このふたりのせいにしてはいけないが、俺は安心し切って、仕事に対して無頓着《むとんじゃく》になっていったのだった。きっと部下たちからは、「どこまでもだらけた社長だな」と見下されていたはずだ。それでも俺は、金を湯水のように使い、毎晩のように遊び続け、しまいにはオフィスにほとんど寄り付かなくなっていた。

第3章
船出
ポンプ車1台からのスタート

そして、痛恨の事件が起きる。

信頼し切っていたふたりの番頭が、突然「退職したい」といってきたのである。その言葉を聞いたときは、背筋が寒くなる思いだった。

小澤総業にとって、とてつもない打撃だと感じたからだ。


「……そうか。ここを辞めてなにをするんだ？」


そう問うと、これまでとはまったく別の仕事に就くという。でもそれは、スムーズに退職するための嘘だったのだ。ふたりは俺の会社で培った経験を活《い》かして、独立起業し、これからも生コン業界で生きていこうとしていたのである。

話を続けているうちに、彼らの嘘はすぐにばれ、独立を目指すふたりの意志が固いこともわかった。そして俺は一寸《ちょっと》、考えた。

そこで俺は嘘に対して激怒するのではなく、軟化する戦法を取った。

「じゃあさ、お互いうまく協力し合ってやっていこうよ」

そう伝えると、ふたりは明確に拒否した。

「いえ、協力はできません」

「……それはいいけどさ、仕事はどうしていくんだよ？」

「小澤総業から持っていきます」

ふたりは堂々と、そう答えた。そして俺には返す言葉がなかった。

自分が独立するときだって、当初は、それまでの人脈は利用せずにゼロから客先を探すと仁義をとおしたつもりだった。なぜなら、それが独立時の不文律だと思っていたからだ。

自分の場合、結果として前の会社から仕事を持っていくことにはなったものの、それは社長の大人気ない嫌がらせがあったからである。社長が本心から独立を支援してくれたなら、俺だって所属していた会社に迷惑なんてかけたくなかった。

だが、いま目の前にいる番頭のふたりは、社長である俺の申し出を拒絶し、あきらかに挑戦的な態度で独立しようとしているのだ。

いつもの俺なら、激昂《げきこう》して机をひっくり返し、灰皿を壁に投げつけていたかもしれない。でも、そんな気持ちにさえなれなかった。社長として譲歩もしたつもりだったのに、「協力し合おう」という申し出を容赦なくズバッと断られたことがショックだったのだ。

ただ打ちひしがれて、彼らの主張を黙って聞くだけだった。

それまで、つらい経験なんて何度もしてきた。金がないとか、食べるものがないとか、殴られるとか、責められるとか、たくさんあった。だけど、信頼していた人間に裏切られることほどつらいものはない。

どれだけ金があっても、どれだけ仕事があっても、信頼する人間から裏切られたときの失意はハンパじゃないのだ。

「信頼で結ばれた人と人との関係性ほど大切なものはない」

俺はこの一件をとおして、そんなあたりまえのことに気づかされた。

ふたりの退職は、慢心状態で遊びまわっていた俺にとっては強烈なパンチであり、その衝撃はすさまじかった。

リーダーに求められるもの

冷静に考えてみればあたりまえのことだ。

俺には反省すべき部分があり過ぎたし、ふたりからの辞意に対してそれ以上、返す言葉が出てくるはずもない。従業員に対して示しがつかない言動は数え切れないほどあったし、なにしろオフィスにいる時間すらほとんどなかったのだから。

この時期、仕事に対して真剣な態度で向き合っていたとはいえないし、愛想を尽かされるのも無理はない。給料もボーナスもきちんと払っていたからといって、それだけで人はついてこないのだ。

仮に自分が番頭の立場で、社長が遊んでばかりでやる気が感じられなかったら、きっと仕事から心は離れていくだろう。しかも彼らは俺より年上だったから、年下の社長が真剣に仕事をしていないと感じたらむかつきもするわけだ。

リーダーに求められるものとはなんだろうか？　その出来事の数年後、トヨタ自動車の社長が、理想的なリーダーについて動画で語っているのをたまたま観る機会があった。そこではこう語られていて、俺は納得するしかなかった。

「リーダーとは先陣を切って、みなを引っ張っていく人である」

あまりに当然の言葉で、どこの社長もいうような常套句《じょうとうく》でもあるが、当時の俺にはそれがまったくわかっていなかった。率先して仕事をこなすのはもちろん、職場環境の整備やスタッフの心のケアまで、リーダーがやるべきことは多い。俺が従業員であれば、みんなを引っ張っていってくれることに加え、「かっこいい」と思えるリーダーについていきたい。

じゃあ、俺はどうだったたか？　あまりに「かっこ悪い」リーダーだったのだ。

結局、彼らは去っていき、仕事もずいぶんと持っていかれた。この一件で小澤総業は大きなダメージをこうむったが、前を向こうと気持ちを切り替えるしかなかった。順調に成長しているとはいえ、まだまだ小澤総業を成長させなければならない。そんな状況で、ふたりのキーマンが抜けることに落胆ばかりしていても仕方ない。優秀な従業員の補充を最優先課題とし、求人に注力した。**ピンチを切り抜けるには素早い気持ちの切り替えしかない。**

ダメージをできるだけ早く頭のなかから取り去り、そのときに必要なことだけを考えて、行動あるのみだ。

幸いにして、小澤総業は生コン業界でも噂の存在となっていた。募集をすればすぐに「働きたい」という応募者がやってくる。去ってしまったふたりは極めて優秀な従業員だったので、その穴を完全に埋めることはできなかったが、それなりにいい人材は確保できた。

「よし、ひとまずこれで前を向ける」

ふたりが退職したダメージは、早い段階で取り戻せると思えた。

でも残念ながら、この事件を境に、俺の行動や仕事への向き合い方が正されることはなかったのである。相変わらず金遣いは荒いままだったし、本業とは別のことにエネルギーを注ぎ続け、さらなるピンチを迎えることになっていくのだった。

多角経営にうつつをぬかす

俺はギャンブルというものが嫌いだ。競馬にしても、カジノにしても、必ず胴元がいる。大儲けできると提灯《ちょうちん》をぶらさげて金を集め、まずは胴元が儲け、余った金を一部のギャンブラーに戻すという仕組みでしかないからである。

こんなことは冷静に考えれば誰でもわかることだし、儲け続けることはできないのがギャンブルなのに、そんなことに金を注ぐ神経が俺にはわからない。高校の頃パチンコにハマった時期もあったが、あんなものはくだらない子どもの遊びだ。

ギャンブルには否定的な考えを持っていたにもかかわらず、俺がハマってしまったものがある。それは、「多角経営」である。

当時は、本業であるコンクリート打設事業が面白いように金を生み出し続けていて、「努力と知識と才覚によって展開する多角経営は決してギャンブルではない」と甘く見ていたのである。「法人化した小澤総業株式会社でなにか新しい展開をはじめたい」と欲が出ていたのだ。

自分自身が現場に行く回数が減ったことで思案する時間が増え、「ほかに儲けられる方法はないか」「自分の知らない面白いビジネスはないか」「一発、大当たりするものは転がっていないか」といった欲が支配していた。


そこで新たにスタートさせたのは、まず「外構工事の請け負い」で、これはコンクリート打設の仕事と密接に関係していたから営業もしやすく、案の定、仕事の受注もうまくいった。多角経営に踏み込むならこの路線でいけばいいものを、その後は完全に道を誤った。コンクリート打設とはまったく関係のないビジネスに、次々と手を出したのである。

もともと海が好きだったので、当時は仲間とつるんでよく海に遊びに行っていた。マリンスポーツにも興味があったから、海での遊びに関してはいろいろなチャレンジもした。

そんなタイミングで、「ジェットサーフ」なる乗り物に出合うのだ。

簡単に説明すれば、サーフボードに動力をつけて自力で移動できる海の遊び道具だ。これをとある展示会で見て一目惚《ぼ》れし、どうしても欲しくなった俺は、速攻で購入して遊びはじめた。

第3章
船出
ポンプ車1台からのスタート

サーフィンはやったことがなかったが、スノーボードは大好きだったので横乗り系の遊びがどれだけ楽しいかはわかっていたつもりだった。サーフィンは見ていて気持ち良さそうだが、波に乗れるようになるまで時間がかかる。でも、ジェットサーフなら波がなくても海で気持ちよく遊べるだろう。

「これはきっと売れる！」

そう直感した俺の動きは速かった。はじめてジェットサーフを目にしたその展示会場で、「代理店としてこの遊び道具を世に広めたい」と販売元に交渉したのだ。

店舗がなければはじまらないということで、東京・青梅《おうめ》市の物件を躊躇なく購入。有料道路のインターチェンジが近かったため、きっと人も集まってくるだろうという見立てから、サーフショップだけでなくバーとしても営業しようと即断したのだ。

そして、都心の著名なカフェで経験を積んだスタッフを雇い入れ、おしゃれなサーフショップ＆バーをオープンさせた。

この時点でジェットサーフ関連事業に要した資金は不動産購入代金も含めてざっと4000万円。いまとなっては無謀な賭《か》けとしかいいようがないが、このときは「いける」という根拠のない自信しかなかった。本業のコンクリート打設の仕事は相変わらず順調だったので、俺は少しの憂いもなく、ジェットサーフの販売とバーの経営にのめり込んでいく。

ところが、いざジェットサーフの販売をはじめてみると、初っ端《ぱな》から問題にぶちあたった。商品を仕入れたままではいいが、高確率で故障が発生したのだ。修理するたびに数万円レベルで金が飛んでいく。

販売する前からトラブルに見舞われる商品もあったし、販売後にクレームとともに戻ってくる商品もあった。それこそ、つねに売れる状態でジェットサーフを準備しておくにも金がかかったし、販売直後のクレームにはこちらが自腹で修理するというリスクがついてまわった。

おまけに、納得いく価格で商品を仕入れることができるという趣旨で販売代理店契約を締結したにもかかわらず、なんだかんだと理由を付けられて、ショップを展開した直後に仕入れ値を釣り上げられてしまった。そんなことでは、客に売っても儲けがほとんど出ない計算になってしまう。当時、ジェットサーフは1台150万円くらいだったので、薄利多売というわけにもいかなかった。

併設していたバーにしても、ほとんど客が来ないというありさまである。夜営業をやめても収支は見込めなかったから、バーの営業自体は早々にストップせざるを得なかった。

蓋《ふた》を開けてみると、このジェットサーフ事業は問題だらけで、ジェットサーフを数台販売した時点ですべてを断念した。

悔しいが、ジェットサーフ事業はそうそうに撤退だ。俺は行動するまでも早いが、あきらめるのも早いのだ。

ひとつ断りを入れておくと、ジェットサーフもいまは改良されて当時とはまったく違ったいい商品になっているのかもしれない。故障が続出したのは、あくまでも当時の話である。

一方、ジェットサーフの事業と並行して、俺は「インターネット事業」にも手を出していた。ウェブサイトの構築やネットビジネスに強いスタッフを雇い入れ、「ネット上での求人事業」を開始したのだ。しかも、動画を利用して求人を行うという、当時としては画期的なアイデアで新規事業開拓に取り組んだ。

ウェブサイトの仕上がりは上々で、アイデアだって面白い。あとは求人したい会社を探すだけだった。

だが、「営業はスタッフに任せればなんとかなる」という読みは甘過ぎた。陣容は俺と新しいスタッフのふたりのみで、当初は俺がなにもやろうとしなかったから、営業のスタッフは実質ひとりだ。当然だが、そんなやり方では一向に参加したいという会社をつかまえることができなかったのである。

仕方なく俺は自分の人脈を使い、1社、2社と求人サイトへの参加を募った。でも、俺が営業で奮闘しなければ、この事業はまわらないということが早々に見えてしまった。まったく先行き不透明の新規事業であったし、しかもサイト構築から営業まで、すべてをひとりに任せようと考えた俺の完敗だ。結局、この事業もあっさり撤退することになった。

ところが、ここまで手痛い失敗が続いても本業のコンクリート打設は順調で、俺の多角的なビジネスへの挑戦もまだまだ終わりを告げることはなかった。俺の野心、いや邪心のようなものは、衰えるどころか増大していくばかりだったのである。

第3章

船出

ポンプ車1台からのスタート

次に手を出したのは、なんと「焼きそば屋」である。

生まれ育った静岡県富士宮市のご当地グルメは、ご存じのとおり焼きそばだ。地元にはたくさんの焼きそば屋があるが、俺は富士宮市へ帰郷するたび、ある1軒の焼きそば屋へ足繁く通っていた。「そこが地元でも一番美味《うま》い」と思っていたし、実際に繁盛店でもあった。

その店の美味さは、全国的に通用するレベルのものだ。ならば迷うことはない。この焼きそば屋は、高校でふたつ年上の先輩が家族で経営していたので話も早かった。「フランチャイズで展開させてほしい」と、その先輩の母親に頼んだのだ。

首尾よく快諾をもらったあとは、知り合いの居酒屋で料理人をスカウトし、焼きそば屋を任せようと目論《もくろ》んだ。電光石火の動きで東京の立川《たちかわ》市に物件を借り、店舗を確保。俺が店舗の内装工事などをディレクションしているあいだに、料理人を富士宮市へ向かわせ、修業させることにした。

店のオープン予定はもう間もなく。一定の修業期間を終えたので、俺は料理人がつくる焼きそばを味見することにした。

すると、これがとんでもなくまずい……。

本家の味を学んだはずなのに、なぜそうなるのか？　こんな味では客に提供することなどできない。

俺はマジであせっていた。

焼きそば屋の経営、迷走す

富士宮市の店の味は間違いない。そこで修業させたはずなのに、なぜ元居酒屋の料理人がつくる焼きそばはクソまずいのか？　答えははっきりしていた。修業で身に付けたはずの調理法を、料理人が自分の裁量で勝手に変更していたのだ。

自分の裁量でさらに美味くなっていればまだ許せるが、俺にしてみれば味はとんでもなく悪い方向に着地していた。店では焼きそば以外のメニューも用意しようとしていたので、ほかの料理にも期待していたが、それもまた話にならなかった。それでも店舗のオープンは迫っていたので、とにかくこの微妙な味でひとまず営業を開始し、すぐに味の改良を進めようと考えた。

でも、まずい焼きそばなんて誰も食べに来やしない。どう考えてもこのままでは営業継続は不可能だと判断し、オープン直後ではあったものの、いちど店を閉めることにした。ひとまず、短期休業だ。

そこで俺は、「もう、ほかの奴に任せておけない。自分が調理するしかない」と自ら行動に出た。2週間と期間を決めて、俺自身が富士宮市で焼きそばづくりの修業をすることにしたのだ。

東京で生コンのポンプ車を扱っていた俺が、富士宮市に場所を移して、焼きそばをつくる修業の日々がはじまった。他人からはバカな行動に見えるかもしれないが、自分としてはなんの疑問もなく、ただ、フランチャイズ店舗の再オープンに向け、最高の味を表現すべく力を尽くしていた。

富士宮市の修業先は、もともと俺の先輩の家でもあったし、そこを取り仕切る母親もむかしからの顔見知りだ。

部屋も貸してもらって住み込みで修業させてくれて、本当にありがたかったし、居心地も最高だった。いつの間にか兄ができ、母ができ、はからずも、「家族っていいもんだな」と温かい家庭の良さをここで体感した。

この時点では事態が良い方向へ進んでいるという感覚もあった。

修業の2週間を終え、俺はいよいよ立川市の店舗へと戻ることにした。雇っていた料理人には、美味しい焼きそばのつくり方を俺が指導し直し、なんとかフランチャイズの焼きそば屋を繁盛させようとした。

でも、その料理人は俺の見ていないところで適当なことをするしようもない男だった。味を再現するために用意した食材やソースの在庫が切れれば、なにも考えずそこらのスーパーで調達してきたり、せっかく教えた調理法を無視して客に出してしまったり……。

そんな状態でも店を軌道に乗せようとしたが、客は1日せいぜい5組がいいところだった。仕事を人に任せる難しさを痛感する毎日だった。

一向に好転の兆しが見えないまま、どんどん赤字だけが膨らんでいく。料理人に支払う給料は月に40万円程度だ。店舗の地代や仕入れも含めると、月に１００万円前後の赤字を垂れ流す事業になってしまった。

富士宮市のあの味を東京で再現するというアイデアそのものは、悪くなかった。きちんとした料理人をあらためて探せばうまくいくかもしれない。そんなことを考えながら、俺はホールに立ち続けた。その事業に可能性を感じていたからだ。

しかし、こんな俺の奮闘も苦悩も、すべてを吹き飛ばすような大事件が起こる。
まさに青天の霹靂《へきれき》というべき大事件であり、俺のすべての考えを根底から覆すような出来事だった。

第4章

絶望

事件の連続に打ちひしがれて

妹の結婚、そして妊娠

俺は3人きょうだいの長男で、下には妹と弟がいる。小さい頃、母親が俺だけを連れ出して暮らしはじめたとき、妹と弟はふたりめの父親のもとに残り、それ以来、俺たちきょうだい3人は一緒に暮らすということがなかった。

ただ、大人になって東京へ出てからも、妹や弟のことはいつも頭のなかにあった。俺は恐ろしいくらいに最低レベルの家庭環境で育ったが、それについては妹も弟も同じ、いや俺以上に過酷な環境で育ったのかもしれない。だから、特別、仲が良いきょうだいではなかったが、心のどこかで共有するものがあった。貧しかったことや、ひどい親だったことが、逆にきょうだいの結束を少しずつ深めていったのかもしれない。

妹は富士宮市で高校を出たあと、漫画家を目指して東京の専門学校に進学した。卒業後はなんとか漫画家のアシスタント職を見つけ、もともと望んでいた仕事にやりがいを感じていたようだった。恵まれない環境で育った妹が、なんとか満足できる生活を手に入れたということで、当時の俺は、我がことのように安堵《あんど》していた。

だがほどなくして、妹が仕事を続けるうえで問題を抱えていることを知った。給料が破滅的に安かったのだ。だから、漫画の仕事を続けるためにほかにもアルバイトをしながら生活をつなぐというありさまだったのである。よく聞けば、いつの間にか漫画よりアルバイトに割く時間のほうが長くなっていたという。そんな状況を知り、俺は居ても立ってもいられなくなって、妹にこうもちかけたのだ。

「俺の会社で働けばいいよ」

あれだけ不遇な幼少期を過ごした妹だ。少しでも平穏な暮らしをしてほしいと願っていたし、俺の近くにいればいくらでも働き口がある。事務員として小澤総業への入社を誘ったのは自然な流れだと思った。悪くない提案だろう。

妹はこの提案を受け、うちの会社で事務員として働きはじめた。

本業であるコンクリート打設の業務は相変わらず好調だったし、外構工事も業績拡大が見込めたため、求人を出して新しい従業員をさらに雇い入れようとした。この求人に応じてやってきたのが、「A」という男だった。北海道からはるばるやってきたこの男は、コンクリートポンプ車を扱う仕事の経験もあるという。それなりに根性もありそうだし、俺としては期待の新人でもあった。

入社が決まってしばらく様子を見ていたが、「A」の働きぶりはとても良かった。妹も仕事に慣れてきたようで、問題なくオフィスワークをこなしている。俺はなんの不安もなく「A」の仕事を見守っていた。

「A」が入社してから1年と少し経った頃だろうか。ある日、「A」から俺に話があるというので、場を設けることにした。なにも嫌な予感はしなかったが、あらたまってなにを話したいというのだろうか？　俺は極めてニュートラルな状態で話を聞いた。

「実は、妹さんと付き合っています。妹さんのおなかには自分の子どももいます。いま、妊娠5カ月です」

俺は頭をハンマーで殴られたような感覚に陥った。まったく予想していなかった話だし、ふたりがそんな関係になっていることにショックを受けた。「A」はバツイチかバツ2と聞いていたので、その部分についても俺は少し気にしていた。

でも、少し落ち着いて考えてみれば、「A」は勤務態度も悪くなく、真面目に働いている。悪い奴にも見えない。そんな従業員である「A」の立場からしたら、俺はたまに暴力もふるうし、怖くてなかなか話しかけられない雰囲気もあったのだろう。本当はもっと早く俺に報告したかったが、その機会を逃していたとも考えられる。「まあ、いいかな」と考え直し、ふたりの新たな生活を、兄として、社長として応援していくことにした。

俺は結婚を認め、おなかの膨らみがどんどん目立つようになってきた妹を一旦《いったん》退職させ、彼女は専業主婦となった。そこに至るまで、心理的に少し乱されはしたものの、あとは子どもが無事に生まれて妹の家庭が安定し、楽しく暮らしてくれればそれで良かった。俺は会社を成長させ、「A」はしっかりとそこで働き、それなりに稼いでくれれば問題ないではないか。

ところが、現実は違った。

妹が子どもを産んでしばらくすると、「A」の様子がおかしくなっていった。勤務態度を豹変《ひょうへん》させたのだ。なにか職場環境に問題があったわけでもないし、俺がこの男に対して悪影響を及ぼしたわけでもなかった。

にもかかわらず、「A」は会社のなかでおおっぴらに業務に対して悪態をつくようになったのである。仕事に向き合う姿勢もそれまでとは一変し、ふざけた態度を取るようになっていった。

俺は激怒するわけでもなく、冷静に「ああしろ」「こうしろ」「きちんとやれ」と指導した。でも、一向にこの男の態度は改善されない。そこで俺は考えた。

「俺の義弟になったことから、態度がデカくなり、遠慮がなくなったのだろうか」

むかついたが、腐っても妹の旦那《だんな》だ。簡単に見放すわけにもいかない。確かに身内となったし、なにしろ妹とのあいだには子どももいる。俺はなんとか勤務態度や考え方をあらためさせようと、冷静に対応し続けた。

そんなモヤモヤした状態がしばらく続いていたある日、突然「A」は俺の目の前から姿を消した。連絡もよこさず、いきなり会社に来なくなったのである。つまり、逃げたのだ。モチベーションが下がっているのは見た目にもあきらかだったが、逃げ方も気に食わない。

第4章
絶望
事件の連続に打ちひしがれて

俺は状況を確認するため、妹へ電話を入れた。

妹の話を聞くと、状況がすべて理解できた。「A」は俺のことを嫌っているという。俺と一緒に働くのが嫌だから会社から逃げ、同業他社へ転職を決めたというのだ。

「なんだよ、それ」と電話口でいいながら、俺は、はらわたが煮えくり返るのを感じた。

黙って逃げるのは、大人として、社会人として、身内としてあり得ないことだし、黙って同業他社へ転職するのも掟破《おきてやぶ》りだ。

俺はそれからしばらく、イライラした気持ちを抑えることができなかった。

俺が嫌われる理由をつくったという自覚はまったくない。あの男の感覚がどこかおかしかっただけだ。

そんな男に、これからも大切な妹とその子どもの生活を託すのは嫌だったが、俺がふたりの結婚生活をぶち壊すのもやり過ぎだと、思いとどまることにした。

それに同業他社とはいえ、本人は一応、働くつもりでいるわけだ。ならば、ここは俺が気持ちを抑えて、ふたりがしたいようにさせてもいいのではないか。あいつらだって大人なのだから、もう放っておこう。

それから半年くらい経った頃、また、この男が俺をイラつかせた。うちの会社の従業員から聞いたところによると、「A」が転職した先でも俺の悪口をいっているというではないか。それに、退職してからもうちの従業員と電話で連絡を取り合うなどしていたとのことだった。

そこで俺は、「A」と連絡を取り合っているという従業員に目の前で電話をかけさせた。電話のスピーカーをオンにして、俺はその会話を聞いた。「A」はもちろん、俺が会話を聞いていることを知らない。

会話のなかで、俺の名前が何度も出てきた。いわれのない悪態は続き、俺の名前を呼び捨てにさえしている。ここまで大人の対応で妹夫婦を見守ってきたが、さすがに我慢の限界だ。勝手に退職しておいて、俺に文句をいう必要がなぜあるのか？　頭に血がのぼり、俺の怒りは爆発した。

妹夫婦は俺が金を出して借りてやった家に住んでいる。間違いなく、引っ越しはしていない。

急いでその家へ行き、俺はドアをガンガン蹴飛《けと》ばしながら、大声で叫んだ。

「おい！　出てこい」

しばらくすると妹がドアを開けた。俺の怒鳴り声でビビったような顔をしていた。妹は、「お願いだから帰って！」と俺にいった。確かにやり過ぎたと反省した。あの男は家にいたようだったが、俺を怖がってか外に出てこないので、その場は早々に帰ることにした。だけど、腹の虫は全然、治まっていなかった。

いつかはあの男と対峙《たいじ》することになるだろう。

そのときはどんな話をしてやろうか？

その夜はイライラしながら、妹のこと、あの男のことに関して考えを巡らせた。一連の事態を振り返っても、自分が怒り狂うのは当然だとあらためて納得した。

翌日、妹から電話があった。

そして、妹も俺も立ち直れないほど絶望的な展開が待ち受けていた。

あまりに絶望的なストーリー

電話口の向こうにいる妹は、ただならぬ口調だった。

「お兄ちゃん、なにかした？」

嫌な予感が瞬時に体を駆け巡った。わけもわからず事情を聞くと、「A」が警察に逮捕されたというのだ。妹もその理由がわからないらしいが、昨日の一件で俺が激怒の末、あの男に対してなんらかのダメージを与えたのではないかと疑っていた。俺にはなにも心当たりがなかったし、逮捕されるなんてただごとじゃない。俺は電話を切るやいなや、「A」がなぜ逮捕され、いまどこにいるのかを調べようとした。

幸いにして俺は、多くの事業をやってきたこともあり、あらゆる業界に顔が利いた。警察関連の情報に通じた知人へ急いで連絡を取り、あの男がどこにいて、どのような状況になっているのかを調べてもらうことにしたのだ。

本当に頭が混乱していた。なにが起こったのかわからないが、妹やその子どもにとって、そして俺にとっても、厳しい状況が待っているのは間違いないと感じ、心は塞《ふさ》いだ。

第4章

絶望

事件の連続に打ちひしがれて

しばらくすると、状況を調べてくれた知人からの電話が鳴った。聞けば、警察に直接、確認してくれたのだという。「A」は確かに逮捕され、警察に留置されているという。逮捕理由をはっきりとは教えてくれなかったそうだが、〝とんでもない事件〟を起こしたらしいとその知人はいった。

引き続きなにかわかったら教えてほしいと告げ、電話を切ると、ほどなくまたその知人から電話がかかってきた。

その話を聞いて、瞬時に俺は奈落《ならく》の底に落とされた。大袈裟《おおげさ》ではない。奈落というものが実在するなら、その底辺に身も心も突き落とされたような感覚だ。

容疑は、「強制わいせつ」。しかも、被害者は児童だったというのである。

俺が急いでなにかをしたところで、この最悪の事態が収まるはずもない。だからといって、黙ってその場にいることもできない。いますぐなにをすればいいのか、どう振る舞えばいいのか、答えが出ないまま時間だけが過ぎていく。かつて、こんなに苦しい時間を俺は体験したことがなかった。

知人からの電話で状況を知ってから、どれくらい時間が経っただろうか。はっきりとは覚えていないが、ＴＶでニュースが流れはじめた。アナウンサーは、「Ａ」という男が強制わいせつ致傷で逮捕されたと、はっきりいっている。

「最悪だ……」と心のなかでつぶやいたと同時に、会社の電話が鳴りはじめた。従業員が電話に出ると、いくつものＴＶ局など、マスコミからの問い合わせだった。

既に「Ａ」は会社からは退職しているものの、一時は在籍した元従業員だ。情報を知りたがっているマスコミからの攻撃が、尋常じゃなく来るだろうことは容易に想像がついた。ひょっとしたら、妹の家にまでマスコミが押し寄せるかもしれない。いまやるべきことは、とりあえず妹を守ることだと判断し、急いで妹の家へ車を走らせた。

妹の家に到着すると、恐ろしいほど人の気配はない。少し経った頃だろうか、なかから妹がドアを開けてくれた。すぐに言葉を交わしたわけでもない。目の前には生気を失ったような妹が頼りなく立っている。家のなかに入ると真っ暗で、リビングの空気がよどんで見えた。妹はＴＶのニュースを見て、状況をすべて理解していたようだった。

まるで魂を抜き取られたかのような佇《たたず》まいだ。どう声をかけていいかもわからない。そのままなんともいえない時間が、暗いリビングで過ぎていった。

状況を説明するとか、励ますとか、まったく関係ない話をするとか、そういうことはその場に相応しくない行動だと思えた。ただ黙って、俺がそばにいることが唯一できることであり、大事なことだと感じた。そこに何分いたかも覚えてはいない。苦しく、ヒリヒリするような時間がただ過ぎていった。

とはいえ、ずっとここにいて妹をケアし続けることもできない。ほんの少しの冷静さを取り戻した俺は、すぐさま母親を頼ることにした。このとき母親は、三度目の離婚後、4回目の結婚をしていて兵庫県神戸《こうべ》市に住んでいた。電話をし、すぐに妹を迎えにきてほしいと伝えた。そしてできるだけ早く、神戸へと連れて行ってほしいと頼み込んだ。俺にとってはどうしようもない母親だが、妹のフォローを託せるような身内は母親しかいないのだ。

母親が来るまでの期間を使って、神戸市での妹の新居は俺がすぐに確保し、荷物を送る手はずも整えた。そしてほどなく母親が迎えにきて、妹は神戸市へと向かっていった。

目まぐるしく事態が展開し、ひとまずはやるべきことがなくなったように思えたが、俺の心はまだまだ平穏を取り戻すことはできなかった。

背負うものの重さ

マスコミからの攻撃もなんとか収まり、妹が母親とともに神戸市へ去っていったあと、俺の心は、ひたすら後悔の気持ちでいっぱいになった。大変なことをしてしまい取り返しがつかない、と悔やみ続けるしかなかった。

ひとつは、妹を俺の会社に雇い入れたことだ。そうしなければ、こんな状況に陥ることはなかったはずだ。

もうひとつは、あの男を雇ってしまったことだ。あとでわかったことだが、「A」は北海道でも犯罪をおかしていた。そんな人間を採用してしまった俺の責任はあまりに重い。

さらに、俺が会社にほとんど顔を出さなかったことで、妹とあの男が付き合っていることに気づけなかったという失態も痛感した。俺がきちんと出社していれば、猫を被《かぶ》った

第４章 絶望 事件の連続に打ちひしがれて

「A」の本性を早く見抜き、場合によっては強引に別れさせることもできただろう。そうすればこんな悲劇に巻き込まれることはなかった。

考えれば考えるほど、こうなったのは俺の失態だった。

小さい頃、俺と離れ離れになったあと、妹も厳しい生活環境にあったはずだ。俺は実の母親と一緒だったが、妹は親戚《しんせき》に引き取られて肩身の狭い思いをしてきた。妹は俺とは真逆の性格だ。彼女は生真面目でおとなしい性格だったので、嫌なことも苦しいことも胸の内に秘めていたに違いない。

そんな妹がやりたいことを見つけ、東京に出てきて、希望の職に就けたというのに、俺の誘いをきっかけにこれほどの不幸が降ってきてしまったのだ。この事件で途方もない後悔と重い責任を感じた俺は、これから先、精神的に立ち直ることができるのかと自信を失っていた。いまでさえ完全に立ち直れてはいないし、妹に対しては申しわけない気持ちしかない。

こんなときは、余計なことまで考えてしまうものだ。正直、仕事なんてすべてやめてしまおうかと考えた。これまで、生活するためにいろいろな工夫をして努力をして、金を稼いできた。その結果、独立して会社はなんとか軌道に乗り、金を手にすることもできた。もちろん、以前のように食うに困ることはなくなったし、恐ろしいほど金を使ってくだらない遊びもさんざんやった。

でも、そんなことは、ちっとも面白くなかったじゃないか。

多角経営にしたって、俺になにをもたらしたのだろう？　俺が金を持っていると知れば、同級生だって敬語を使ってチヤホヤしてくる始末だ。そんな自分になりたかったのか？いや、全然面白くないし、なにかが違う。妹の人生まで傷つけてなにがしたかったのか？

考えて、考え続けた。そして俺は決断する。**これまでのバカな行いをすべてやめることにした**のだ。

目が覚めたような気分だった。赤字の事業を一気にたたみ、命を懸けて働かなければならないと心に決めた。プライベートで所有していた7台の車のうち5台を処分し、手元には本当に必要な2台だけを残した。そして、これまで本業以外の事業のために雇っていた人間は全員辞めてもらい、次の仕事先を世話した。自分や会社の周辺をいちどきれいに整理して、襟を正そうとしたのだ。

多角経営はなにももたらさなかったどころか、金銭面でも計り知れないダメージをこうむったと自省した。俺にできることは、きちんと働いて金を稼ぐことしかない。**金を稼いで妹の生活をこれから一生、支えていくしかない**。そして、妹の人生が少しでも好転してくれればいいと願った。

いずれにしても、この悲惨な出来事は、俺の管理が行き届いていれば防げたことでもあった。「こんな後悔だけは二度としたくない」、そう何度も何度も心のなかでつぶやいた。

頭のなかをいろいろな考えが往来するなかで、いくつかの気づきも得た。

事業を拡大しようと思えば人を増やさなければならない。人が増えれば管理が必要だし、管理を怠れば問題が発生する可能性だって必然的に増える。事業を拡大し会社を大きくするということは、金儲《かねもう》けの機会も増えるが、同時にいろいろな問題が起きる怖さも秘めている。

もちろん暗い気持ちはいまでも引きずっているが、妹の一件は、俺に前を向くためのヒントも与えてくれたのだ。

失敗とはなにか？　この一連の流れはあきらかに俺のせいだし、「失敗」だと明確な結論が出ている。ただ、苦しさが晴れることはないにせよ、**いつまでも失敗を「失敗だ」といい続けていても意味がない**とも知った。

「あれは失敗だった」といってなにも行動しなければ、その経験は本物の失敗となって自分のなかの負の遺産となる。でも、「失敗」を「経験」と捉《とら》え、どうにか前向きな思考を重ねていけば、それは次にやってくる「成長」の足がかりとなるかもしれない。

失敗したことを忘れちゃいけない。でも同時に、**失敗した直後から次の失敗を生み出さないような行動に出るしかない**のである。

あまりに悪いことが続き、これから先、俺の周辺でなにが起きるのかと想像すると、一層怖くなった。だが、怖いからこそ俺は行動するしかない。行動しなければなにも起こらないし、生きている意味さえないではないか。

生きていく怖さ、背負うものの重さはどんどん増大する一方だ。でも、俺はそれらを捨て去ることができない立場でもある。

「正しい」と思う方向を向き、行動するしかないのだ。

かりそめの家族付き合い

事件後の身辺整理で苦労したのが、焼きそば屋の撤退だった。この撤退劇でも俺は強烈なショックを受けることになる。

焼きそば屋の経営はフランチャイズの契約だったので、「本家」にその旨を申し出る必要がある。ところが、妹のこともあり落ち着いて話のできる状況ではなかった。そこでまずはLINEで、「焼きそば屋の経営をやめたい」という主旨の相談を先方に投げかけた。するると、あれだけ優しくて信頼していた先輩の母親が激昂《げきこう》したのだ。「これほど大事なことをLINEで相談するとは失礼じゃないか!」ということだった。確かに大切なことをLINEで投げかけた自分が悪かったと思い、すぐさま俺は、直接会いに行って経緯を話し、謝罪して東京に戻った。でも、相手の怒りは収まらなかったらしく、後日「また会いにこい」と連絡があった。

そこであらためて富士宮市へ出向くと、俺の先輩とその母親だけでなく、相手方の身内が何人か、そして弁護士までが一緒になって待ち構えていた。

話し合いの場となった部屋に入った途端、瞬時に張り詰めた空気が俺をいたぶり、話が悪い方向へ進むことを直感した。

俺はその場でひたすら責められた。相手はみんなものすごい形相だ。

当初結んでいたのは、「フランチャイズ契約」だ。だから、売上の数パーセントを支払うということで、その契約を解除したらそれで終わりというのが一般的な筋だ。だが、先方は「違約金を払え」と執拗《しつよう》に詰め寄ってくる。違約金なんて契約時点で取り決めていなかったので、こちらに払う義務はなかった。でも、申しわけない気持ちがあったので、店舗の保証金に設定されていた300万程度はお詫《わ》びとして支払う意思があると伝えて、再び東京へと戻ることにした。

第4章
絶望
事件の連続に打ちひしがれて

数日後、先方から違約金の支払いについて金額が明記された書面が届いた。端的にいうと、そこには「2000万円払え」と書かれていた。あまりにも理不尽だし、そこまで払う義務はない。怒りは頂点に達したが、同時に悲しさも込み上げてきた。きっと、俺がそこそこの金を持っていることを知って、そこにつけ込んできているのだろう。

そんなことはしたくなかったが、こっちとしても弁護士を入れてきちんとカタをつけようと考えた。誠意を込めて、「300万円なら違約金を支払う」と決め、それに応じないのなら「法廷で闘おう」ということだ。

俺の出方を見て、先方は慌てて「OK」との返事をよこした。無茶をいったという自覚があったのだろうか。あっさりと300万円払って、焼きそば屋の件は終了となった。

細かいことはどうあれ、俺はこの一件で人間がさらに大嫌いになった。もちろん、妹の件でのダメージはまだまだ残っていた。その直後、このトラブルに見舞われたわけだ。なにより、家族同然だと思っていた先輩、その母親だけでなく、そのほかの人たちも鬼のような形相で俺から違約金を取ろうとした状況に、虫酸が走った。

家族の温かさを知らなかった男が、ひょんなことから家族の良さを知ったつもりになっていた。でも、俺がバカだったのである。そんな〝うぶな気持ち〟はこんなかたちで裏切られたわけだ。謝罪に行ったときに見た、彼ら彼女らの表情はいまでも忘れることができないでいる。金の魔力に惑わされたのかもしれないが、**信じていた人たちが、それまでとは真逆の態度で俺に攻撃してくるつらさはハンパじゃなかった。**

俺の精神状態は、地の底の底まで落ち込んでいた。

この頃はまだメンタルが弱く、俺は本気で「死んでしまおうか」とさえ思った。すべては自分で蒔《ま》いた種であることは理解しているにせよ、人間というものが本当に信じられなくなってしまったのだ。

とてつもない悲しみや苦しみをどう乗り越えればいいかなんてわからない。でも、こうなったら自然の感情にまかせ、落ち込むだけ落ち込もうとも思った。気が済むまで落ち込めばなにかが見えてくるかもしれないという期待もあった。それだけの事件が、この短期間に続いてしまったのである。無理に素早く立ち直ろうとせず、どん底を味わいつくすのがまっとうな人間のあり方だとも思った。

そして、ある程度の時間が経ったとき、俺の思考がだんだんと前向きになっていくのを感じた。

「俺には守るべきものがある。死んでしまったら楽になるかもしれないが、そんな無責任なことはできない。まだ生きて、やらなければならないことがある」

そう考え、俺は妹の件、焼きそば屋の件を自分のなかに飲み込み、これからの人生の糧にしようと踏ん張ることにした。

中古ポンプ車販売という突破口

本業のコンクリート打設業はずっと調子が良く、落ちるところまで落ちた俺の心をなんとか支えてくれていた。本業がうまくいっていなかったら、数々のトラブルに心が押し潰《つぶ》されていたに違いない。もう、「多角経営だ」などといって、本業とは関係ないことに時間を費やしている余裕はない。真っ直ぐ前を向いて、本業に邁進《まいしん》していくしかないのだ。

俺は心を入れ替え、会社に毎日出社することからはじめた。ショッキングな出来事を経験し、それにより思考パターンを替え、ここまで続いたピンチを転機にしようと考えた。

さて今後、本業をどのような方向へ導いていけばいいのだろう？　ポンプ車を使って現場で生コンを流すという基本の業務は、安定した利益を出せる一方、毎月の売上はほぼ天井が決まっている。「今月はみんなで頑張ったから売上が先月の2倍だ」なんてことはあり得ず、ポンプ車やオペレーターの数を増やさない限り大儲けはできない。いや、大した粗利がある商売ではないので、死ぬほど儲かることなどそもそもないビジネスなのだ。

そこで、多角経営ではなく、「付随業務」「関連事業」といった、本業と重なる領域で事業を開発し、スタートさせる必要があると施策を練ることにした。

これまで、ジェットサーフショップやそこに隣接するバー、そして焼きそば屋、ネット求人など、本業とはまったく関係ない事業で痛い目を見てきたのだが、多角経営のひとつであった外構工事だけはうまくいっていた。そうであるなら、本業と関連の深い事業であればどうにか軌道に乗せることができるだろう。そこで俺は、新規事業のネタになるものがないかと、どこに行ってもアンテナを張るようにした。

ピンときたのは、いつも目にしているポンプ車だった。独立時から、自社所有のポンプ車の数を増やし、売上も並行して上げていくことを目標にしてきたのだが、それはつまり、1台ずつ地道に増車していくことを意味する。

しかも、増車したポンプ車は入れ替えもせず、1台、また1台と増やしていくだけだ。ところがあるとき、中古で購入したポンプ車を自社で使わずに売ってみようとしたことがあった。この出来事がその後に、新たなビジネスのヒントを与えてくれたのである。

自慢じゃないが、俺の会社のウェブサイトは、生コン業界において随一の閲覧頻度を誇るものだ。多くの業界人が見ているサイトなのだから、ここで中古車を販売すれば高値で買ってくれる人がいるかもしれない。

すると、情報掲載直後に首尾よくポンプ車が売れた。しかも1台で100万円以上の利益が出たのだ。「これだ！」と思った。

一般の人が利用する中古車売買サイトなんてゴマンとあるが、極めて利用者が限られるポンプ車を中古車として専門的に売買している業者はない。ならば、小澤総業の事業としてやってみればいい。まずは中古のポンプ車を仕入れ、うちで使いたければ使う。使ってから売るのもありだし、売れなければ売れるまで使えばいい。本業と関連するというか、本業そのもののポンプ車の取り扱いだから、新規事業だとしても、俺にとってはこれからの展開を予想することができた。

ネットオークションや知人の紹介などを利用してポンプ車を仕入れ、しっかりと整備し、洗車し、売れる状態にして中古市場に出していく。ポンプ車がどのような役割を担い、どのような機能を持ち、オペレーターがどのように使うのかのすべてがわかっているので、仕入れた中古車を万全な状態にして責任を持って売ることができた。

それまで、中古ポンプ車を売ったり買ったりするには相応の手間と時間がかかっていたため、うちのサイトはまたたく間に業界で人気を集めた。ニーズは確かにあったたし、結果として大きな利益も生み出した。

本業以外のビジネスではじめて大きな手応《てごた》えを感じ、勇気を得た。

この事業が軌道に乗った理由のひとつは、目のつけどころが良かったということ。それに加えて、片手間で人任せにせず、俺自身がゼロから苦労して立ち上げたことが大きかった。焼きそば屋にしても、ジェットサーフショップにしても、俺はそれまでいつも人任せにして半ば放置していた。そんなやり方でうまくいくはずもない。言い出しっぺが一番努力し、工夫し、スタッフを引っ張っていく存在でなければ、大企業でもない限り事業なんて成り立ちはしないのだ。要は言い出しっぺの、「やってやろう」という情熱とあきらめない気持ちこそが大切なのである。

こうした目に見えない感情や根性こそ、スタッフや顧客に伝わっていくものだ。**熱意や誠意はどんどん伝染していき、次第に顧客を増やしていく。**「うまくいきそうだから、おまえやってみろ」と口でいうだけで実務を誰かに任せているようでは、新規のビジネスなんて拡張していくわけがない。

俺がこの事業に集中できたのは、妹の件や焼きそば屋撤退の件で、失意のどん底にあったことも影響している。脇目もふらずなにかに取り組んでいなければ、自分自身が潰《つぶ》れてしまいそうな時期でもあったのだ。まったくなにが吉と出るか、人生わからないものだ。

まさに大ピンチが転じて、予想外の場面でチャンスをつくり出してくれたわけである。

中古ポンプ車の販売で、究極のピンチをチャンスに変えたということは、俺にとって大きな財産になったと思う。

このときまさに、「再出発」「再船出」というムードが、自分自身のなかで高まっていくのを感じていた。

俺についてこない従業員たち

ポンプ車の中古販売は事業の拡張という意味でも大きかったが、俺にとっては従業員との接し方について、いろいろな気づきを与えてくれる事業でもあった。

本業のコンクリート打設、つまり生コンを流す業務は、従業員にとって意外に「切れ」のいい仕事だ。客先から要請があってポンプ車で現場へ行き、仕事が終わればポンプ車を撤収する。早く終わって、会社に戻ってもまだ陽が高いなんていう日もよくあるくらいだ。残業で夜遅くまで帰れない日が続くということはなく、そういう意味で「切れ」がいいのである。

そんな仕事なので、中古販売のためのポンプ車の整備や調整、洗車などは、仕事が早く終わった従業員に手伝ってもらおうと考えていた。もちろん、業務外の作業となるので給料を多く払うことが前提だ。手取りが増えるのだから、当然、多くの従業員が手伝ってくれるだろうと高を括《くく》っていたのである。

ところが、俺の呼びかけに対し、従業員たちの反応はあまりに鈍かった。それどころか、現場で仕事を終えているはずのポンプ車が、予定より遅く戻ってくるということも増えた。俺は、「あれ、おかしいな？」と感じながら従業員たちの様子を観察した。通常の給料にプラスして金がもらえるというのに、なぜ手伝わないのか理解できなかった。

それに、中古のポンプ車販売がどんどん利益を上げれば、会社全体が潤うだろう。そうなれば会社は成長し、やがてはすべての従業員の給料増額というかたちでメリットを得られるはずだ。

ひょっとすると、従業員たちはこのような成長のサイクルがイメージできないのかもしれない。そうであるなら、先んじて手当を支給し、中古ポンプ車の販売が会社に金をもたらし、みんながハッピーになれることを示せばいい。そこで俺は、既に中古ポンプ車販売であげた利益から、全従業員にひとりあたり10万円を景気よく支給したのである。

いよいよ、これでみんなのモチベーションが高まり、中古ポンプ車販売の事業も活気づくだろうと予想していた。ところが、それでも反応は鈍かったのだ。

「現金を手にしても、この事業の可能性を信じられないのか？」

俺はおおいなる疑問を抱えたのと同時に、従業員がなにを感じているのか知りたくなった。だってそうだろう？　給料に加えて金がもらえるとなれば、俺なら新たに用意された業務に精を出すに違いない。なにしろ、ニンジンが目の前にぶらさがっているようなものだ。ほんの少し頑張って、そのニンジンを食おうとするのがあたりまえではないか。だが、従業員たちは俺の思惑どおりに動いてはくれなかった。

単純に、動こうとしない理由が知りたい。そこで、またしても従業員たちの様子や態度をじっくり観察することにした。その結果、見えてきた事実があった。

俺が中古ポンプ車の作業をしていても、多くの従業員たちは目を合わせようともしない。それどころか、挨拶《あいさつ》もせず帰宅しようとする連中までいた。まるで、「そんな作業は自分と関係ない」といわんばかりだ。こうした態度はどんどん酷《ひど》くなっていく。従業員たちが中古ポンプ車の事業にほとんど関心を示していないことが、ひしひしと伝わってきた。

つまり、ほとんどの従業員は、自分の業務外のことを手伝わされるのが嫌だったのだ。

先に金をわたしてもまったく心に響かない。そんな金よりも、仕事が終わったらさっさと家に帰るか、居酒屋とかキャバクラに飲みに行きたいのだ。つまり、「少しでも金が欲しい」という欲がないのである。

それに、社長である俺の姿をこれまで従業員たちがずっと見てきたことも、彼らが動かない理由のひとつと考えられた。会社にもロクに来ず、焼きそばを焼いたり、ジェットサーフにうつつを抜かしたり、金を湯水のように使って夜遊びしたり……。そんな俺が突然、真面目に会社へ来るようになり、「新規事業をはじめるぞ！」と声をかけても、ついていきたいと思えないのは当然だったかもしれない。

経営側の俺と、従業員たちの心の距離は、とんでもなく離れていたわけだ。

社長として人を雇い、思うように働いてもらうのは本当に難しいことだ。以前の俺は、まるで家庭のような会社が理想形なのだと考えていた。自分が父親で従業員は子どもたち。それこそ不良のような従業員がいれば、ときには愛情を込めて鉄拳《てっけん》制裁をし、仕事もプライベートも正しい方向へ強制的に導かなければならないとすら思っていた。

俺は小さい頃、家族らしい家族と暮らした経験がなかったので、温かい家庭に対して特別な思いもあった。父親がいない家庭は、子どもの成長に悪影響が及ぶということも自身の経験を通じて学んでいた。

だからこそ、会社にも家族のような絆《きずな》とか、深い関係性とか、愛情はもちろん、叱咤《しった》激励が大切だと考えていた。怒ったあとには優しい言葉をかけたり、温かい気持ちを表現したり、そういう親心を社長が持っていれば従業員たちはきっとついてくると信じていたのだ。だが、それは妄想に過ぎなかった。

特に若い奴には、「俺がなんとかしてやる」という気持ちが強く働き過ぎ、暴力や暴言で抑え込み、俺の一方的な考えを伝えようとしていた。

反面、毎週末には大勢の従業員を連れて街で飲み歩き、交流を深めるということも怠らなかった。ときには、感情が昂《たかぶ》り過ぎて従業員たちを怖がらせたこともあったが、そこには俺なりの愛情があったつもりだ。

自分では、そんなやり方が効果を発揮して、会社が存続でき、業績も伸びたのだと思い込んでいたのである。でも、中古ポンプ車の事業がいよいよこれから軌道に乗るというタイミングで、俺はハッとさせられた。

「従業員がまったく俺についてきてくれていない」

ようやく再船出の気分に満ちてきたのに、仲間だと思っていた従業員たちが思うように動いてくれない。これは相当にマズい状況だ。

仕切り直すなら、もうこのタイミングが最後かもしれない。

いまこそ社長として、真のリーダーとして、自分のあり方を大きく変えるしかない。

従業員の心を変えるのではなく、まずは俺が変わった姿を見せるしかない。

俺はひとり、昂る気持ちを抑えながら、次の一手を思案していた。

第5章 転換

見つけた、俺にとっての「テッペン」

別会社の設立と、社内改革

中古ポンプ車の販売事業をどう運営していくか——そこでひらめいた。

「ポンプ車を中古で取引する事業も有望だが、ポンプ車にまつわるほかの事業も展開できる可能性があるのではないか」

なにしろ、19歳のときから付き合ってきたポンプ車だから、部品のことは当然として、機能やメンテナンスのことなど、ポンプ車にまつわるあらゆる情報やノウハウが自分のなかに蓄積していた。頭を捻《ひね》れば、ポンプ車を中古で販売すること以外にもビジネスが見えてくるかもしれない。この考えは、「それならいっそのこと、別会社にしてしまおう」という決断につながっていく。

中途半端な新規事業の展開ではない。気合を込めた、〝二度目の起業〟だ。

多角経営により数々の失敗をおかしてきたが、ポンプ車の事業は本業とつながりが深く、相乗効果もあるだろうという見通しがあった。そして結論は出た。

第5章

転換

見つけた、俺にとっての「テッペン」

「小澤総業の社長を退任する」

俺はポンプ車の中古販売事業の会社で社長となり、長年うまくまわってきた小澤総業のコンクリート打設事業は後任に託すことにした。これが、2019年のことである。問題は、後任を誰にするかだ。本業をうまく持続させるだけでなく、成長させてくれるようなポテンシャルを持った新社長が必要だ。

従業員のなかに、仕事に対する取り組みもよく人望も厚い、清家《せいけ》慎也《しんや》という男がいた。年齢は俺の2歳上だ。当時、入社してからまだ3年ほどだったが、後任の社長にはこの男しかいないと感じていた。

当時、小澤総業の従業員は40人ほど。会社のスケールはピークに達していた。これだけの人数に膨れ上がっていたので、いくつかの派閥、グループのような塊が社内に存在していた。しかも、従業員たちの心は俺から離れたままだ。この大所帯をまとめ、ひとつの方向へと向かわせるのは、並大抵の人間にはできないだろう。だけど、清家ならできると思えた。

俺は清家に社長をやってほしいと頼み、彼は考えたあげくその願いを受け入れてくれた。入社3年ほどの従業員を社長に抜擢《ばってき》することには反対する人間も当然いたが、俺は自分の考えを譲らなかった。ここまで成長させた会社を他人に託すというのは、俺にとっても大きなギャンブルだからこそ、自分の信念を曲げたくなかったのだ。

この人事は、会社の雰囲気を変えるいい機会だとも感じていた。そこで、清家の社長就任と前後して、俺はそれまで貫いてきた方針も大きく変えることにした。

従業員に、「いつでも会社を辞めていいし、独立するなら応援する」と公言したのだ。

ポンプ車のコントロールや現場での作業が中心なので、従業員の頭数はいつだって必要だ。ポンプ車1台にひとりの従業員がいてはじめて売上を立てられる仕事だからだ。つまり、いくら優秀な人間がそろっていても、少数精鋭で大きな利益をあげられる仕事ではないということである。

従業員の絶対数を確保するのは、会社を持続させていくうえで極めて重要なポイントだ。よって、ひとりでも従業員が離脱するのはかなり応《こた》えるし、その人間が独立するともなれば仕事を持っていかれる怖さもある。「退職したい」という従業員がいればそれなりに慰留してきたし、「独立したい」という従業員がいれば仕事を持って出ていくことに関して許しがたい側面があった。

でも結局のところ、俺のやり方はうまくいっていなかったのである。従業員が俺に嘘をついて会社を去ってしまうケースが頻発していたのだ。こちらとしては良かれと思って、なるべくそれぞれが満足できるだけの給料を支給し、家族同然のように極めて近い距離感で付き合い、退職の意向を示せば心から慰留してきたつもりだ。それなのに、退職したければ嘘でもなんでもいいから、それらしい理由をつけて辞めていく。

いくら会社の業績が右肩上がりだったとしても、こんな職場環境のままでいいわけがない。従業員に嘘をつかせるなんて、社長や会社の運営方法に問題があるに決まっている。

だから俺はみんなに、「辞める自由がそれぞれにある」と伝えたのだ。だけどその代わり、会社にいるうちは文句や愚痴をいわないでほしいとも頼んだ。なにか思うところがあれば、文句ではなく「意見」として俺や新社長の清家に伝えてくれれば、改善できる部分は善処していく。必要があれば説明もするし、話し合いもすると誓った。

同時に、同業他社へ転職するのも自由だし、独立するのも自由だと伝え、これまでの方針を180度転換した。「独立するなら、在職中に自分で営業した客はそのまま持っていっていい」とまで伝えた。こう公言することで従業員たちはどう反応するのか？　明確な答えはわからない。でも、**束縛されずに自由を自覚して働ける環境は健全だろう**とも思えた。従業員だって一人ひとりがそれぞれの人生を背負って生きている。人生を背負い続けるためには、炎天下であっても汗水流して金を稼がなくてはいけない。

生活を豊かにし、人生をより良いものにしていくために、会社というのは大切な空間だ。考えてもみてくれ。**1日は24時間しかないのに、その3分の1か半分近くは働いていなければならない**のだ。

そんな大切な会社という場で、安心して過ごしてほしいし、気持ち良く働いてほしい。ダメ社長の烙印《らくいん》を押された俺は、必死になって変わろうとしていた。

そして変貌《へんぼう》した自分の姿や思考を、従業員たちへ明確に示したのである。

覚悟を決めて変化を求めよ

会社の大きな方針転換と清家新社長の就任が重なった結果、どうなったか？

バタバタというほどではないが、ある程度の従業員が辞めていった。なかには同業他社へ転職していく人間もいたし、独立して客を持っていく人間もいた。もちろん、入社して間もない清家が社長になるということに納得できない従業員もいたはずだ。だけど、本気でなにかを変えるためには、会社が死なない程度のリスクを負う必要があった。

その後も、「従業員の流出はまだ続くかもしれない」と内心、穏やかではない部分もあったが、会社が倒れてしまうほど従業員が減ることもなかった。俺の変化に期待したい従業員もいたろうし、清家新社長の人望も大きかった。

そんな変革を経て、少しずつ会社の空気が変わっていくのを感じた。社内を見わたせば、人数が減って少しスリムな集団となり、どことなく穏やかな空気が漂っていて悪い雰囲気ではなかった。従業員たちの仕事に向き合う態度がシャープになったようにも感じられ、会社全体が洗練されたような気配も出てきた。

俺は小澤総業の会長職に就任し、清家社長に実務を任せていったのだが、彼と相談しながらさらにいくつかの変化を会社に起こそうとした。

まずは毎年、必ず給与のベースアップを行うと決めた。ベースアップ額は一律5000

円ではあったものの、金額を明示することで従業員それぞれが生活の計画を立てやすいようにした。加えて各種手当を徹底的に見直し、給与や福利厚生で従業員の生活を最大限バックアップするようにもした。

あたりまえだが、従業員の給与を増やしていくためには、会社の利益を増やしていかなければならない。利益を増やすために個々がどのように動けばいいかも、きちんと説明するよう俺は努めた。ただそこで、従業員全員にその趣旨を完全に理解してもらおうとも思わなかった。俺もやるべきことをやり、いうべきことはいう。従業員の側は、趣旨に納得してくれればいいし、自分のやるべきことをこなしてくれればいい。

話は単純だ。**従業員それぞれの努力は、会社のためではなく自分自身のためなのだ。**

「もし小澤総業を辞めるときには、嘘をつかないでほしい」とも頼んだ。なぜなら、そうしてもらうことで、いくつかのメリットが双方にあると考えたからだ。

退職時になぜ辞めるに至ったのかを正直に伝えてくれれば、こちらとしてもその後の会社運営において改善点を見つけることができる。また、正直に気持ちを話してくれたうえで辞めてくれれば、その人間との信頼関係はこれからも続いていくだろう。いちど就職したら最後まで勤めあげるべきだという固定観念に縛られ苦しむ人もいるようだが、会社なんて実際に働いてみなければ自分に合うかどうかわかりゃしない。いまでは、いわゆる「出戻り」を歓迎する企業も増えていると聞くが、それは正しい判断だと思う。**辞めていちどは出ていったとしても、転職先の会社が肌に合わないと感じれば戻ってくればいい**ではないか。辞めるときにお互い腹を割って話ができていれば、スムーズに関係性を取り戻すことができる。隣の芝生は青く見えるじゃないけれど、誰だってほかの職場環境をうらやむものだ。

俺は、決して〝いい人〟になりたいわけではなかったが、1回でも小澤総業で働いた人間なら、出戻りだって貴重な戦力になると考えた。これだけ人材難の時代には、そんな柔軟性も求められるのではないか。

それだけではなく、従業員に対して「家族」のような付き合いを求めないことにした。ましてや、愛情を込めた鉄拳《てっけん》制裁なども絶対にしない、暴言も吐かないと心に誓った。**俺自身が家族というものに対して特別な思いを持っていたとしても、それを会社で表現するのは間違っていると気づいた**のである。

結局のところ、会社は会社、家族は家族なのである。俺がこれまで実践してきた従業員への接し方はどこか暑苦しかったし、根本から間違っていた。

確かに、「社長の俺が怖い」ということで、従業員をコントロールできていた部分もあったのだろう。でも、そんなことで従業員を従わせても、健全な職場とはいえない。そんなあたりまえのことがようやく理解できた。

会社にこうしたいくつかの大きな変化が起き、やる気のある従業員が残ったようにも思えた。公私にわたって俺の身のまわりにいろいろな事件があったことで、心がリセットされたのも、変化を呼び込むきっかけになったようだった。

会社とは、しっかり働いて、その対価として給料を得る場所である。それ以上でもそれ以下でもない。福利厚生をしっかりとして、従業員の働きやすい環境を整える。いい距離を保ちながら従業員と接して、束縛せず長く働いてもらえるようにする。

しかし、このタイミングで会社の空気を一新できて本当に良かった。この変革が少しでも遅れていれば、せっかく築いてきたそれまでの積み重ねが吹き飛んでもおかしくなかった。経営についてきちんと学んだこともなく、素人同然の経営者だったことも功を奏したのだと感じる。

素人だからこそ、「こうであるべし」という固定観念にとらわれず、スピーディに方針を変えられたからである。

「覚悟を決めて変化を求める」

そんな姿勢こそが、リーダーには必要なのだ。

小澤総業が、いい方向へと舵《かじ》を切り出したように感じていた。

責任は人を成長させる

生まれてからいままで、たくさんの悲しみがあり、時折、かすかな喜びがあった。そのなかでたくさんの気づきを得て、生きていく知恵のようなものも身に付けることができた。

ひたすら激しい感情の起伏があり、まるで巨大な嵐のなかで生きているような感覚だった。生きるか死ぬか、ギリギリのところで踏ん張ったこともある。精神的に追い込まれて死を考えたこともあった。でも、だんだんと冷静な判断が下せるようになり、前を向く力も付いてきた。以前の俺よりもいまのほうが確実にたくましく、生きる意欲に満ちていることは間違いない。

妹に降りかかった事件は俺にとっても人生最大の悲劇であり、いまでも悔恨の情に心は支配されている。それでも、嵐のなかを生き抜くエネルギーは満ちていく一方だし、それこそ俺は、いつでも巨大な嵐を巻き起こそうとしている。

そんなエネルギーを持続できる要因は、やはり、背負うものの重さを感じているからだろう。そして、その背負うものの重さは、たくさんの経験を積み、年齢を重ねるにつれてどんどん重くなっていく。

その重さに耐えられないかもしれないと感じながらも、背負うものを捨て去ることなんてできないと思い直す。その繰り返しだ。

第５章
転換
見つけた、俺にとっての「テッペン」

大金を使いながら夜遊びに興じている頃、飲み屋で12歳年下の女性と知り合った。何度か顔を合わせるうちに好きになり、付き合うことになっていった。

かつて結婚していた時代、俺の女癖の悪さも不仲の大きな原因であったことは書いた。ただそれだけでなく、当時の嫁とは性格の不一致をはじめ、様々な意見の食い違いが起こり、離婚につながったという経緯があった。

俺のいないあいだは家庭をしっかり守ってほしい。特に、家事はしっかりやっておいてほしいという気持ちも強かった。「そんなの古い価値観だ」といわれればそれまでだが、これも俺の育ってきた家庭環境が真逆だったことが関係しているのかもしれない。決して当時の嫁が悪かったわけじゃないが、俺としては結婚生活を続けるのがどうしても難しかったのだ。

だからこそ、再婚には慎重な気持ちがあった。

その頃、俺は36歳で公私ともにたくさんの経験を積んでいた一方、出会った彼女はまだ20代前半と若く、世の中のことをなにも知らず、家事もほとんどできない状態にあった。

もちろんそのこと自体を責めるつもりはない。若いのだから、それは当然なのだ。俺はまだ再婚するつもりなどなかったのだが、男女関係の〝流れ〟で一緒になることとなった。これで、二度目の結婚だ。

「もういつまでも遊んでいられないな」と思っていた時期だったし、俺のなかに結婚願望自体はあったので決断するに至ったというわけだ。そして、子どもがふたりできた。ふたりの子どもは俺の宝物だし、生きがいそのものだ。この子どもたちが大人になるまで不自由なく暮らせるよう、俺はなんでもするつもりだし、そのために生きているようなものだ。

ちなみに、元嫁とのあいだには3人の娘がいる。つい最近、一番上の娘に子どもも生まれ、俺はじいちゃんにもなった。その3人の娘たちだけでなく、その孫も含めて俺の宝物であることも永遠に変わらない。みんなそれぞれ、幸せになってほしい。金銭的なサポートだけでなく、精神的にも支え続けていくつもりだ。

妹のことはいまでも心に重くのしかかっているし、いつだって気がかりでいる。母親が近くにいてくれているとはいえ、これからも俺がサポートしなければならないことはきっと多いだろう。なにがあっても、俺ができることは最大限に力を尽くさなければならない。

自分をトラックにたとえると、生きれば生きるほど、どんどんと積み荷が重くなっていくようだ。積める荷物の量は本来決まっているはずなのに、それこそ過積載のような状態だ。

しかも、「責任」という名の積み荷は「重い」からといって1個も降ろすことができない。だから俺は、年を重ねるたびに、体に鞭《むち》を打って馬力を上げていく必要がある。上げざるを得ない馬力のために、悩み抜き、我慢し、前に向かって行動し続けトライアル&エラーを繰り返す。

そうすることで、生きるエネルギーも高まっていく。結局、なにかを成し遂げるというのはそういうことであり、人生とはそういうものなのかもしれない。

一時は、そんな道理を完全に忘れ、中途半端な金を手にしたことでいい気になって、どうでもいい遊びに興じていた。でもいまは向かうべき方向、そして守るべき大切なことにフォーカスできるようになった。

背負うものは決して軽くはないのだが、責任は人を成長させるのである。

親友という宝物

10代後半までは、希望や夢というものがなんなのかさえわからず、ただ生きていくことだけで精一杯だった。その頃、唯一、信じられるものは金の力だけだった。そして金を求めて「働く」ことを覚えた俺は、多様な職を経験して、流れに身を任せながら経験や知識を蓄えていった。そして結婚し、子どもが生まれたことで、守るべきものの存在を感じ、金を稼ぐことの意味を理解するようになった。

元嫁とのあいだの子ども3人に、いまの嫁とのあいだの子どもがふたり。会社には大勢の守るべき従業員たちもいる。もちろん、俺自身のきょうだいも、あれだけどうしようもなかった母親だって守るべき対象だ。

誰だってそうだと思うが、背負うものの重さに押し潰《つぶ》されそうになるときもある。特に

第5章

転換

見つけた、俺にとっての「テッペン」

俺は、あまりに波乱万丈で型破りな人生を送ってきたこともあり、見た目ではわからなくても、ヤバいくらいに追い込まれていた時期も多かった。

そんなギリギリの状態を支えてくれたのは、ひとりの親友の存在だ。

これまでにも、俺のピンチを救ってくれたり、大切なことに気づかせてくれたりした恩人や先輩たちは何人もいる。でも、その親友はやはり別格だ。そいつがいるから俺はいま、こうして生きて踏ん張っていられる。

俺が弱音を吐くのも、その親友に対してだけだ。どうしようもなく落ち込んでいても、彼に対してだけは素直に話すことができた。彼とはどちらかが死んだあとも、深い絆《きずな》でつながり続けることだろう。

飲んだ席での話だが、どちらかが先立った場合、その家族の面倒は残ったほうが責任を持つということまで約束し合ったこともある。だから俺は、安心して死ぬことができる。そんな親友がいるということが、このうえなく幸せだ。

俺の思いを吐き出せば、納得感があって、ユーモラスな返答で勇気付けてくれる存在であり、人生のどん底にあるときでも必要なアイデアや行動を示してくれる存在――。

たったひとりの親友、中尾田《なかおた》大成《たいせい》という男だ。

出会ったのは、かつての俺が趣味にしていた車の愛好者のネットワークだった。車の所有やカスタムに狂っていた頃、車を通じてたくさんの人間に出会った。中尾田もそのように車を通じて出会ったひとりだ。当時、数多く所有していた車のなかでも特別、お気に入りだったのがハマーで、同じハマーを所有するオーナーたちと一堂に会する全国ミーティングで彼と知り合うことができたのだ。

中尾田は、鹿児島県出身で熊本市の在住。俺とはまったく違う、医療器具のメンテナンスの世界で生きる男だ。ハマーのミーティングで会ったときからなんだかウマが合う男だと感じていた。理屈じゃない、フィーリングというやつかもしれない。そういう人間にははじめて会えたので、自分としても新鮮な感覚だった。

それまで知人、友人、仲間と、たくさんの人間と関わり、語り、助け合うといったこともあった。でも、どんなに親しくても、自分を100パーセント曝《さら》け出すことはできなかった。でも、中尾田だけは違った。なんでも話せるというか、なんでも話してしまうのである。見るからに信用できそうな人間というわけでもないのに、俺は彼と会えば、自然と心が開放される。

本当に変な人間で、おせっかいだし、うるさいし、すぐにキレる。ひとことでいえば、「とんでもない奴」だ。

ただおそらく、自分と似ているのだろう。我が強いし、喧嘩《けんか》っぱやいし、さみしがり屋な面も俺そっくりだ。仲良くなってからは熊本へ遊びに行ったり、彼のほうから東京へ出向いてきたりと交流を重ねた。真面目な話もするし、どうでもいいふざけた話もする。ふと襲ってくるさみしさや孤独の感情さえ、中尾田には自然と吐き出すことができる。

「友だちは100人」もいらないのだ。大切なのは数ではなく、〝質〟だ。心と心がつながった深い関係の親友がひとりでもいれば、人生はこのうえなく豊かになる。

最近になって金遣いが荒かった時代を振り返り、「なんと自分は未熟だったのか」と感じる時間も増えた。一方で、金遣いが荒かったおかげでハマーに夢中になり、それが縁で中尾田と知り合えたということも事実だ。

金を使いまくってなにひとつ残ったものがなかったと思っていたら、親友という宝物を得ることができていた。

あらためて思うが、人生、なにが吉と出るかわからないものだ。

東京のキャバクラから、熊本の被災地へ

中尾田との絆がより深まったのは、2016年のことだ。

忘れもしない、4月14日の夜だった。熊本県内で最大震度7の大地震が発生した日である。俺はそのとき、東京・立川市のキャバクラで楽しく飲んでいるところだった。そんなタイミングで大規模地震発生を知り、それが熊本県だとわかって、すぐに中尾田の携帯を鳴らした。

電話口で彼はもちろん慌てていた。事情を聞くと、現地は大変なことになっているという。周囲は一変し、水も出ない。命の危険すら迫っている。それはそうだ、震度7で平然としていられるわけはない。なにより、電話口で悲しんでいる彼の声色が胸に刺さった。

俺は瞬時に、これからすべきことを決めた。

第5章
転換
見つけた、俺にとっての「テッペン」

まずはキャバクラから知人に電話し、こう伝えた。

「トラック用意してくれ。一番デカいやつ！」

頭のなかにイメージしたのは、救援物資を満載にした大型トラックだ。そのトラックで親友をサポートしにいくのである。知人とのやり取りのあと、翌日にトラックを調達した俺は、次に金の用意を急いだ。自分はまず１００万円出すと決め、仲間からも金を集めようとした。結局、２００万円以上の金を電光石火で集め、一目散に量販店に向かう。そこでは店に置かれていたありったけの水を買い占め、さらに十分な食料も買い込んだ。その後は、大量の物資積み込みや、トラックに貼り付ける「熊本地震災害支援物資運搬車」の看板づくりなどを行い、準備を整えた。そして大急ぎで熊本行きに向けて動いた結果、出発できるようになったのが4月20日のこと。トラックに大量の物資を積んだ俺はすぐに出発し、南へ向かってひたすら突っ走りはじめた。

道中、ＳＮＳで全国の仲間に向けて「熊本へ向かっている」と告げた。中尾田と知り合ったハマーの全国ミーティングで日本各地に友人がいたからだ。すると俺の投稿を見たその友人たちから、続々と連絡が入る。

「大阪で止まれるか？」

「岡山にも寄ってくれ」

そんな連絡だった。みんなは道中で俺をつかまえて、各地からの救援物資を熊本へ届けたい一心だったのである。各地点でハマーの仲間たちと合流して、俺はただただ感激していた。ハマーの仲間たちが俺にありったけの勇気をくれたのだ。その余韻に浸る間もなく、俺は南へ、南へと急いだ。できるだけ早く熊本へ到達しなければならない。眠ってなんかいられない。とにかくトラックを走らせよう。

運転中は、「親友を笑顔にしたい」「熊本で困っている人の役に立ちたい」ということだけを思い、眠気をこらえた。荷台に救援物資を満載していたが、実際の積み荷の量以上に重く感じられた。みんなの思いが目一杯に詰まっていたからだった。

トラックは、東海、近畿《きんき》、中国地方を抜け、いよいよ九州に到達。熊本県に入ってから目指したのは、中尾田がいる避難所となっている学校だった。一心不乱だったので気にしていなかったが、いつの間にか夜は明け、避難所に到着したのは4月21日の朝だった。出発してから一睡もせず、ひたすら東京から九州まで走り続け、身体は悲鳴をあげていたが、ただただ、熊本に無事到達できたことに安堵《あんど》していた。

避難所に到着すると、そこには中尾田がいた。彼は俺の姿を見るなり、泣いていた。もちろん、俺も泣いた。

大勢の被災者がいる避難所で、トビラのついたトラックの荷台を一気に開け、大量の救援物資を降ろそうと急いだ。被災者の人たちは大量の物資とトラックを見て、涙を流して喜んでくれた。俺も大きく心を揺さぶられながら、物資を必死に降ろし続けた。

俺としては、親友の笑顔を見たいというシンプルな思いからここまで来ただけだった。大事な親友だったから、「困っているなら助けたい」と思うのは当然だ。親友と会うためなら、寝ずに九州まで車を走らせることだって苦ではない。でも、そんな俺が運転してきたトラックを見て大勢の被災者の人たちが泣いていたのである。

それは、俺のなかで予想もしなかった反応だった。

俺は、「これだ！」と思った。

それまで、ボランティアになんてまるで興味がなかったし、実際にやったこともなかった。でも、被災地に救援物資を届けたことで、気づけたのだ。くだらないことばかりに金を使ってきた過去が、本当にバカバカしく思えた。

「ただ金を稼ぐだけでなく、その金を使ってなにかを残せる人になろう」

それは瞬時に湧いて出てきた、心の底からの思いだった。酒や趣味の車をはじめ、つまらないことに金を使うのではなく、誰かのために、なにかを残すために金を使おう。

こんな明確な目標があれば、つらい仕事にだって耐えられるではないか。**自分が持つ、頭脳、体力、経験などあらゆる力を駆使して仕事に励み、金を稼いで、意義あることに役立ててもらう**のだ。

熊本の一件は、親友との絆を深めただけでなく、俺が人生を賭《か》けるべきものを見つける大きなきっかけになったのである。

児童養護施設の設立という「究極のテッペン」

熊本でハッとさせられた瞬間のことは、いまでも鮮明に覚えている。そして、日々こんなことを考えるようになった。

「俺はなにかをしなければいけない人間だ。きっと、なにかとてつもなくやりたいことがあるはずなのに、まだそれに気づけていないだけなのだ」

コンクリート打設の世界で独立すると決めてからは、とんでもなく会社を大きくして、東京一、全国一になって、とびきりの金持ちになることが目指すべきテッペンだと信じていた。でも、熊本で自問自答し、真のテッペンがほかにあると理解できた。その答えは、とても突飛なようだが至極まっとうで、これまでの人生が明確に反映されたものだった。

「俺は人生を賭けて、日本一の児童養護施設をつくる」

これまでにも何度も書いたことだが、幼少期に親の愛情を感じたこともなく、悲惨なくらいに金がなくて貧しくて、生きる希望や目的なんてまるでなかった。少し大きくなってからも、自分の生い立ちを呪うことこそなかったが、生きる意味を見出《みいだ》せないままでいた。

人間というのは、生まれる場所を選ぶことはできず、たまたまどこかに生まれ、なんとなく生きているうちに楽しいことや悲しいことが繰り返され、苦しみを経験し、死んでいくもの――。そう思っていた。

そこに、なんらかの使命とか運命などありはしないのだと、心のどこかで感じていた。

でも、熊本での経験をとおして思考がまるで変わったのである。

人間は、生まれる前からやるべき使命のようなものが決まっていて、その使命を見つけるために生きているのではないか？

俺の幼少期の経験は、ひょっとして貧しい子どもたちを救うために天が与えてくれたものではないか？

俺が児童養護施設をつくるのは、きっと使命であり運命であるのではないか？

社会的な問題にもなっているが、俺のように、ネグレクトや虐待、貧困で苦しむ幼い子どもたちは日本中に無数に存在する。そんな子どもたちを救う義務が、すべての大人たちにはあるし、俺の力もそのために役立てたい。

俺の場合は、たまたまこんな性格だったからどうにか生き延びてきたのかもしれないし、運が良かっただけかもしれない。でも、少しでも道を誤っていたら、犯罪者になっていた可能性もある。それどころか、あげくのはてに死んでしまっていた可能性だってあった。

これは、実際に経験した人間にしかわからないかもしれないが、俺のような境遇に育ってまともな大人になるほうがレアケースなのである。

子どもは、自分から声をあげることができない。だから、そこに手を差し伸べる大人が必要なのだ。

日本中、世界中を見わたすと人の世が嫌になる。どうしようもない大人たちが世界を壊していく行為があとを絶たず、子どもたちに安心して生きてもらう未来がないようにも思えてくる。

会社を運営していても、同じようなことを感じる。そんなどうしようもない奴は結局すぐに辞めてしまうのだが、心根が腐った奴を見ると以前であれば鉄拳制裁で強引に修正しようと試みた。でも、大人になった人間を矯正するのはほぼ不可能に近いことを知った。

これは、俺のような肉体労働の仕事だけでなく、ホワイトカラーの仕事でも変わらないだろう。**自我が定まった大人は、いくら厳しく優しく教育しようとしても、もう変わらない**のである。単純なことだ。やる奴はやるし、やらない奴はやらない。結果を出そうと努力する奴は努力するし、そうでない奴は努力なんてしないのである。これはもう、絶対的な答えである。

数年おきに「〇〇マネジメント」なんて言葉が次々と出てきては、ビジネス界の流行《はや》りになるようだけど、大体、既に何十年も生きてきた大人に対して、いまさらなんの教育をしようというのか？

子どもを過保護にするならまだわかるが、大人を過保護にしてどうするっていうんだ？

理――すなわち、ものごとの道理がよくわかった。つまり、**教育に問題がある**のだ。それはおそらく、中学に入る前くらいまでがタイムリミットだ。それまでの期間に、貧困を味わったり、虐待にあったりすることがあってはならないのである。

親がどうしようもない場合もあれば、それ以外の要因で生きていく環境が悲惨な場合もあるだろう。なんでもいいから子育てがきちんとできない状況ならば、そこにいるかわいそうな子どもたちをすべて包み込めるような、でっかい養護施設をつくればいい。

現状の児童養護施設を見ると、どうしても予算が厳しくて、一般家庭と同じような教育や環境を用意することは簡単ではないようだ。せっかく養護施設に入っても、小さい頃から大きなハンデを背負っていることは疑いようがない。

そこにいる志が高い大人たちは必死に頑張ってくれてはいるけれど、きれいごとはいっていられない。そこには金が必要だ。金がなければ、質の高い教育なんて提供できないのだ。

俺はそういう状況を、どんな手を使ってでも変えてみたい。そのためには、中途半端な施設ではなく日本一の設備を整え、最高の教育を提供できる場所をつくる必要がある。

残酷だけど、時間は有限だ。仕事もほどほどにのんびりでもしていたら、あっという間に歳を食ってしまう。身体は思うように動かなくなり、心の活力だってなくなっていくのだろう。そんなことを嘆いているうちに、人生は終わりを迎えてしまう。

だから俺は、身体も心も元気なうちに稼いで、一刻でも早く潤沢な資金を用意して最高の施設をつくると決めた。

現状を嘆いても仕方ない。だって、リアルタイムで苦しんでいる子どもたちが日本中にたくさんいるのだから。とにかく猛烈に急ごう。俺がしっかりしているうちに、日本中が驚くような児童養護施設をつくるために。

「テッペン」に到達するために、小澤総業グループを大企業に育て上げるのだ。

オリジナル商品の開発で、攻めるビジネスへ

頭のなかが整理されてきたことで、仕事のやり方にも変化が出た。

長年、コンクリート打設を中心に本業をまわしてきたが、これはいわば、受け身の仕事である。現場からの要請があって、それを受けることで金をもらうからだ。営業力によるところも大きいが、受け身である感覚がどうしても拭《ぬぐ》えない。

極端にいってしまえば、「要請があったら生コンを打つ」という、その繰り返しなのだ。清家が小澤総業の社長になったと同時に、俺は小澤総業の会長職へと退き、新たな展開を目指した。受け身ではなく、〝攻めていくビジネス〟のはじまりだ。

小澤総業の社長を退いてから、2015年に中古ポンプ車を専門で扱う新会社「PUMPMAN（ポンプマン）株式会社」を設立（前身の会社である株式会社Forestcompanyは2013年に設立）、代表取締役社長に就任した。中古ポンプ車の売買はまだまだ成長するビジネスだと狙いを定め、これはすぐに軌道に乗った。

中古で仕入れたポンプ車は、できるだけ早く商品として売れるように、不具合のある箇所を修理し、整備し、塗装や洗車をする。その作業のなかでふと、ポンプ車に使用されている部品に目がとまった。

「この部品はいくらで売買されるのだろう?」

ポンプ車は特殊な装備がてんこ盛りで、そこに使われる部品もまた特殊なものばかりだ。それらの部品がいくらで売買されているのか、さらにその部品はいくらでつくれるのかを調べてみることにした。

すると、その価格に俺は驚かされた。例えば8000円で売っている部品がいくらでつくれるかと専門業者に見積もりを依頼してみたら、なんと1000円もかからないというではないか。「なんだ、このぼろい商売は」と思わず唸《うな》った。なるほど、これが「稼げる商売」というものか。

そのときから、「原価」に対する興味が猛烈に湧くようになった。どんな分野でもそうだが、調べてみると原価というのは驚くほど安いものだ。いい商品を低コストでつくってそれが大きく売れれば、とんでもない利益を生み出す。なにかが大ヒットとなれば、大企業に成長させることができるかもしれない。だからといって、なんでもかんでもつくって売ればいいというほど商売は簡単なものではない。俺が得意とする分野はなんだ？　もちろん迷わずに、ポンプ車である。

「自分でポンプ車の部品をつくって売ってしまおう」

我ながらいいアイデアだと思った。ただ、世の中に存在するものを安くつくって売るのではつまらない。せっかくつくるなら、ドーンとデカく利益を出せるものがいい。それならオリジナル商品を考案して特許を取るのがいいだろう。

俺はやると決めたら行動だけは早い。

「発明家になってみよう」と考えた。

ポンプ車の修理や整備をしているときでも、なにかオリジナルでつくれるものはないかと車の隅々まで、それこそ車の内部までくまなく見るようにした。そして最初の答えに行き着くまで、さほど時間はかからなかった。

目を付けたのは、コンクリートポンプ車の心臓部ともいえる「ポンピングチューブ」と呼ばれる部品だった。

これは、生コンを外部へ送るためにもっとも重要なパーツだ。俺が目を付けたのは、このチューブが意外に足の早い消耗品で、なおかつ重要なパーツであるからだ。

コンクリート打設作業においては、ポンプ車の内部にあるこのチューブが破裂する前に、必ず交換しなければならない。仮に、作業中にチューブが破裂すればポンプ車自体が大損害を受けることになり、生コンを送り出すことができなければ現場はストップだ。そんな事態に陥れば、会社の信用はガタ落ちである。

俺が目を付けた当時、このポンピングチューブを製造しているのは国内で1社のみだった。かつては2社が製造していたらしいが、1社は事業撤退してしまい、残った1社の独占状態だったのだ。

独占状態ということもあって、この部品が毎年のように1万円ほどの値上げを繰り返していた。物価が高騰している時代だ、いわゆる原価高の問題こそあるが、さすがに値上げのし過ぎだ。ちなみにここ十数年のあいだにこのパーツは、約2倍にも価格がアップしている。ポンプ車をオペレーションするうえで欠かせないパーツであり、なおかつ足の速い消耗品であるため、値上げによってどこの会社も経営を圧迫されていたのだ。

「これだ！」と思った。新しいポンピングチューブを製造してくれる協力会社を探したところ、韓国に提携先を見つけることができた。ここは勝負だ。

大量生産するために必要な設備投資はざっと見積もって6000万円。自分の計算では「いける」と信じていたから、惜しみなく資金を投入した。確信があれば思い切って進まなくてはいけないタイミングがある。いまは、まさにそのときだ。決してギャンブルではない。俺はすぐに準備を整え、チューブの製造を開始した。

大量のポンピングチューブが韓国から届き、さっそく適切な価格をつけて販売してみると案の定、飛ぶように売れた。いわゆるニッチな商品ではあったが、ポンプ車を扱う会社にとっては、安価なチューブの調達が重要な課題となっていたのである。

「よし、これで大企業に成長させることができる！」

手応《てごた》えを感じ充実感に浸っていた。ところが、販売してしばらくすると問題が発生する。購入してくれた会社から、嵐のようなクレームの電話がかかってきたのだ。内部に螺旋《らせん》状のワイヤーが装着されてはいるが、基本的にはゴムでできたパーツなので、いってみれば車のタイヤのような素材感である。

そのチューブが、まさにタイヤのようにコンクリート打設の現場でパンクしまくっていたのだ。もちろん耐久性の検証は行っていたのだが、検証期間が短過ぎたのかもしれない。

俺は頭を悩ませた。

改良を重ねて耐久性を高め販売を続行するのもありだが、販売を止めるなら早いほうがいい。心は揺れた。販売を止めるとなると、投資した6000万円は一瞬にしてパーになる。協力会社と打ち合わせを繰り返しても、信頼性のある改良品をつくれるか、明快な答えが出なかった。

パンクしたポンピングチューブを何度も何度も検証したが、結局、製造中止に踏み切ることにした。言葉にすると、「開発して失敗して、撤退」という簡単に見える話ではあるが、会社にとってはなかなかの痛手だ。

もちろん、勝負したからには勝ちたかった。これは遊びじゃない。スポーツやTVゲームの勝ち負けではなく、会社にとっての大金を賭けた大勝負なのだ。

しかし、勝負には「勝ち」と「負け」がつねに存在する。勝てば嬉《うれ》しいし、負ければ悔しい。でも、**勝ち負けがあるということは、そもそも挑んではいる。挑まなければ、勝ちも負けもない**のである。だからそんなときは「負けたー！」と大声で叫びまくる。負けるのは嫌だけど、負けるのは決して恥ずかしいことではない。だってそうだろう？ どんな大エースだって勝ち続けることはできないのだから。どんな世界でも負けはあってあたりまえのことなのだ。

もちろん、負けたからといって、いつまでも悔やんでいても仕方ない。やることをやって負けたのであれば、潔くあきらめることも大切だ。「完全なる失敗」と認めて、また新たなオリジナル商品を開発すればいい。

でも、すべてをあきらめてしまったら終わりだ。

「これを踏み台に必ず発明をものにしてやる」

大きな傷を負いながらも、闘志には火がついていた。

意外なところにあった発明のヒント

「ポンピングチューブ」の失敗を経てからも、「発明品として成立させることができる部品はないか」といつもなにかを探していた。それを見つけることができれば、会社に大きな利益をもたらすことができる。勝負に勝った瞬間を想像するだけで、楽しくて仕方がなかった。ポンピングチューブの失敗は確かに痛みを伴ったが、俺は完全に前を向いていた。

そしてまた、「これはいいかもしれない」と思えるものを見つけた。ポンプ車の機能に詳しければ誰でもわかる、「生コンクリート先行剤」と呼ばれる、コンクリート打設業務において必須《ひっす》の製品である。

あたりまえだが、ポンプ車は車でありながら、生コンクリートを入れ、その生コンを送り出す機械でもある。でも、生コンをいきなりポンプ車に入れて、なんの問題もなく外部へ送り出せるかといえば、そんな簡単なものではない。

生コンは、砂利、砂、セメント、水が練り合わさってできている。この生コンをいきなりポンプ車に入れれば、生コンから分離したセメントのペーストだけが配管のなかに少しずつ蓄積され、砂利と砂だけが配管を流れていくことになってしまう。本来は生コンをそのまま外部へ送り出したいのに、主成分のうち砂利と砂だけがどんどん先に送り出されてしまうことで、配管はいずれ詰まってしまうのだ。

そこで、先行剤というものが必要になる。これをまずはポンプ車に吸わせ、先行して配管内をコーティングしてしまうのだ。この処理をしておけば、生コンを入れても配管内でセメント質を奪われず、スムーズに流れてくれるという原理である。分離しがちなセメント質を潤滑に流すのが目的なので、先行剤の成分はセメント質を吸着しないことが求められるわけだ。

第5章
転換
見つけた、俺にとっての「テッペン」

この先行剤に目を付けたのは、従来のやり方に問題を感じていたからだった。これまで、配管内の円滑な循環を保つためには、平均的なポンプ車1台につき約1トンもの先行剤が必要だった。このため、先行剤のためだけにミキサー車を出動させなければならないほどで、無駄な経費がかかり多くの会社を苦しめていた。ならば、少量でこと足りる新しい先行剤を開発すれば、ニーズはあると踏んだのだ。

どうすれば新製品を開発できるか？　従来品とはまったく異なる成分の先行剤をつくろうと目論《もくろ》んだ。まず思いついたのが、赤ちゃん用オムツに使用する吸水剤だ。だが、いろいろな会社と検証を重ねた結果、これをもとに開発するのは難しそうだと判断した。

ほかにはなにかあるだろうか？　そこでまた考えた。つまり、この先行剤とは「潤滑材」の役割をはたすものである。その「潤滑」というキーワードからひらめいたのが、セックスのときに使うローションだった。

ここからの俺は、発明家でもあったが科学者のようでもあった。粘性、ローション、潤滑というヒントのもと、様々なものを混ぜ合わせ、配管のなかでどう作用するかをひたすら試していったのだ。部屋に閉じこもって液体を混ぜ合わせて、何度も検証を繰り返す。

その結果を見ては、一喜一憂を続ける毎日だ。

実験を重ねているうちに、いい具合に作用しそうに思える液体をつくることができた。その液体は、配管のなかをツルツルの滑り台のようにしてくれて、なおかつコーティング作用も十分だった。

「この液体を入れた配管内に生コンを流し、うまく外部へ送り出せれば成功だ」

いよいよ本物のポンプ車を使って、生コンを実際に流すときがきた。胸が高鳴る瞬間だった。ドキドキしながら成り行きを見守る。ところがやってみると、配管が詰まってしまい、うまく生コンが流れてくれないようだった。

「なぜだ?」

そこからはまた、ビーカー内に配合した液体の比率を変えるなど、うまくいかない理由を探った。そして、その原因をようやく突き止めることに成功する。

俺がつくり出したローションと生コンの相性はあまり良くなく、ローションが水に戻ってしまうことが判明したのだ。普通なら、すべてをあきらめて開発をストップさせる場面かもしれない。でも、俺は前に進むことしか考えていなかった。「いける!」という予感を大事にしたかったのと、あとはもう根性である。そこでまた思考を重ねた。

いまの時代なら、配合次第でセメント質に強いローションをつくることが必ずできるはずだ。実験を重ねるために、配合に適した材料を探し回った。でもなかなかうまくいかない。どうしたものか？　そこで、こんなアイデアが浮かんだ。

「いや待てよ。俺ひとりでできないなら強力な助っ人を探そう」

助っ人——すなわち、本物の科学者を探せばいいのである。

科学者とのタッグで得た大きな利益

こんな便利な時代だ。科学者だってネットで見つけることができる。そう考えた俺は、「ｃｏｃｏｎａｌａ（ココナラ）」というサイトで科学者を探すことにした。「ココナラ」は様々な業界、職業のエキスパートが集うサイトで、まさに〝ここなら〟、お目当ての人間と巡り会うことができるかもしれない。

ほどなく、高い水分保持性能を持つ高分子である「吸水ポリマー」の専門家を見つけ出し、俺の悩みごとなどを書いてコンタクトを取った。すぐさま返信があり、その人物の肩書を見て、俺は少々たじろいだ。相手は、世界に名だたる大企業と仕事をしている科学者だったのだ。

ものすごい人物とつながることができ、喜ぶ暇も惜しみ、速攻でアポを取った。

打ち合わせの場では、こちらの要望をありのまま伝えると同時に、開発に成功したあとのことも考え、しっかりとした契約もした。大きな目的は特許取得であったため、開発の成功後、首尾よく特許が取れたらこちらにすべて権利があることを主張した。代わりに、成功報酬として数百万円を支払うという契約を締結したのだ。

開発の指示をその人物に委《ゆだ》ね、俺はそのとおりに実験を重ねるだけだったが、それなりの時間は覚悟していた。ところが、あっという間に望んだものができてしまったのである。

俺ひとりの実験ではかなり苦労を重ねたこともあり、正直なところ半信半疑だった。そして本当に製品化できそうなローションができあがったのかどうか専門家と一緒に確認した結果、見事に開発が成功していることがわかった。それにしても、俺がひとりで悩み抜いたローションが、こんなにも素早く完成してしまうなんて驚きだったし、そのメカニズムを当然、知りたくなった。

なぜ水に戻らない理想のローションができあがったのか説明を求めると、拍子抜けするような答えが返ってきた。

「なんででしょうね？　理由は自分でもわからないんです」

科学者でもわからないということにびっくりしたが、それでも望んだ効果を発揮するローションがつくれてしまったのである。そして急いで、そのローションを会社に持ち帰り、ポンプ車の配管にローションを流す実験を行うことにした。

結果は大成功だ。この先行剤を使えば、ポンプ車の配管内をしっかりコーティングでき、なおかつ生コンを送ってもなめらかに流れてくれる。これはすごいことになるぞ。

科学者がいうように、なぜそのような作用が起きるのか謎のままではあったのだが、およその原理についてはもちろんデータが取れている。よって、特許もきちんと取得することができた。あとは製品化し、市場に送り込むだけである。

商品名は、「エコスル」。我ながら画期的な製品である。先行剤を使用せずにいきなりポンプ車から生コンを流そうとすれば、先に書いたように、生コンに含まれるセメントが分離して配管内に残ってしまい、結果として配管が詰まってしまう。そこでこの詰まりを防ぐため、先行剤を投入する必要がある。

従来は、モルタルを主成分とする先行剤を流すことで配管内にペースト状の膜をつくり、その後に流す生コンは膜のおかげでスムーズに流れるという仕組みだった。ところがこの方法だと、先行剤をつくるために大量のモルタルが必要となり、例えばポンプ車1台分の先行剤を準備するのに、モルタル約1トンに加え、わざわざミキサー車を1台用意するなんてこともあたりまえだったのだ。

一方、「エコスル」を先行剤として使用すれば、ポンプ車1台のために必要な分量がたった1袋、160グラム（改良版の「エスコル2」は1袋、140グラム）でこと足りるのだ。「エコスル」の成分により、少量で理想の膜が配管内に形成されるからだ。

しかも、従来の先行剤では大量のモルタルを水と合わせて練る時間が必要だったが、「エコスル」なら1袋を水に溶かすだけなので手間が格段に違う。さらに、従来の先行剤を使用すると、セメント質が固まりやすいことから先行剤を使用する直前に水と練り合わせる必要があったのだが、セメント質を含まない「エコスル」なら固まらないため、水に溶かして事前に準備して置いておけるという利点もある。

加えて、成分は食品添加物100パーセントなので、人体や環境に優しいという利点も備えている。日本国内のどこを探しても見あたらない、夢のようなシロモノだ。

1袋分の利益率はなんと80パーセント。発売開始とともに業界では反響を呼び、日本を代表する先行剤になったのである。

ちなみに現時点では、改良版の「エコスル2」もラインアップし、ロングセラーを記録中である。毎月2000個程度、年間では2万5000個ほどがコンスタントに売れているので、この製品だけで年間の利益はざっと数千万円になる。

それにしても、セックスのときに使うローションをヒントにこれほどの開発を成し遂げるとは俺らしい。むかしの女遊びも無駄にならずに済んだというものである。

「こうして発明を積み重ねていければ大企業へのトビラはきっと開かれる。そして、いつの日か、子どもたちのために真の〝テッペン〟をつくることだってできる」

とにかく急いで大企業となり、驚くほど金を稼いで、児童養護施設をつくらなければならない。

そのためには、もっと稼げる新たな発明が必要だ。

最大の武器は、「爆発的な行動力」

先行剤の開発がうまくいったのも、途中で投げ出さずにいくつものハードルを乗り越えたからだ。人生のなかでは、何度も何度もピンチやハードルが俺の前に立ちはだかってきたが、その経験がいまに活《い》きている。

ピンチやハードルというのは、絶対に「乗り越えるべきもの」だ。なにやらいまは、「苦しければ、そこから逃げてもいい」という考えや風潮があるようだけど、正直、俺にはピンとこない。説教じみたことはいわないのがポリシーなのだが、**いまの若い人間に粘り強さや根性がないのは、簡単に逃げ出すから**だ。いや、若い人間とも限らない。40代、50代といった、目の前の困難から逃げてはいけない大人たちも、逃げまくっている。

ピンチやハードルは、乗り越えないと不幸になると思っているし、苦しく大変なときこそ逃げてはいけない。逆に、そんなタイミングにこそ面白がれないと、本当の強さを手に入れることはできないだろう。もちろん、前進しようといくら努力しても突破できないときは、どこかであきらめることも間違ってはいない。でも、努力も工夫もせずに逃げたって、なにも残らないだろう？

俺自身のことでいえば、圧倒的にチャンスよりもピンチのほうが多かった。だから、日常のことのようにピンチを受け入れられる習慣のようなものが身に付いたし、ピンチがきても慌てることもない。つまり、耐性ができているわけだ。

大事なのは、なんとか踏ん張ってピンチを乗り越えると、それが経験という財産になるということだ。この財産はなにより大きい。

はっきりいうが、「人生は経験で決まる」。

ここまでを読んでもらえばもうわかると思うが、最初は「なんとなく」とか「金のため」とかそんな感じで十分なのだ。どの経験が自分の役に立つのかと最初から打算的になるよりも、ぶっちゃけ不純な動機でもいいから、行動してみればいい。

俺がコンクリート打設の仕事に出合ったのも、ただなんとなく給料が良さそうだったという理由からだし、そのときの「なんとなく」がなければいまの俺はなかった。あてもなく、仕事を転々としていた10代の頃だってそうだ。多様な業界と触れることができて、多様な人々と出会うことができた。そこで人間を見る目も養えた。もちろん、社会の厳しさを肌で感じることもできた。

車の趣味が親友と出会うきっかけになり、街で飲み歩いていたからいまの嫁と巡り会えた。

静かな水面《みなも》の前でぼーっと座っているだけでは、水面は永遠に静かなままだ。なにが起こるかわからないけれど、そこに石を投げれば水面には波が立つだろう。**生きるということは、水面に石を投げ続けることと同じ**だ。

行動し続けなければなにも起きないし、行動しなければ、死んだも同然だ。胸に手を当てて考えてみたらいい。世の中には体が不自由な人だっている。動きたくても動けない人がいる。

ならば自分はどうなのか？　いますぐに動けるだろう？

くだらない話だけど、彼女や彼氏がいなくてさみしいなら、繁華街に行って出会いを探してみればいいじゃないか。仕事がなければネットかなにかで探せばいいし、金がなくて行きたい場所があるのならヒッチハイクでもしてみればいい。

俺は、強力な武器を持っている。**「行動力」こそ、俺の唯一にして強力な武器**だ。

「面倒くさい」「それは自分の役に立たない」という理由で行動を躊躇《ちゅうちょ》する人間も多いが、俺の辞書に「面倒くさい」という言葉はない。

「大変そうだ」とか「悪いことが待ち受けているのではないか」とも考えない。行動の先には、希望しかないのである。ポジティブな未来しか予想していないから、行動をはじめるまでのスピードも誰より速い。

純粋なバカだからかもしれない。だけど、**この行動力こそが、すべてのピンチを乗り越える最強の武器となり、善かれ悪しかれ——嵐を巻き起こす風になってきた**のである。

たまに思うのだけれど、大企業ほどアホなことをやっているなと感じる。なにかをはじめようとするとき、必ず上司を納得させるための膨大な資料づくりから着手して、そこから延々と結論が出ない会議が何度も開催される。なにもはじめていないのに、どんなテーマで議論するというのか？　それは単に、誰も責任を取りたくないからであり、失敗を恐れているからだ。そして結局、なにもしないなんてことはよくあるとも聞く。それは、とても愚かな行為だろう。そもそも、結論を出さない会議は必要ないではないか。

ビジネスパーソンだけじゃない。政治家だってもっとチャレンジが必要だ。仮に政策でミスをしても、「失敗しちゃった。みなさん、すみませんでした！」と誠心誠意、謝罪すればいいだけなのだ。行動を起こさなければ真の問題はいつになっても解決しない。ダメならダメで、次の手を打てばいい。それが、「改善」というものではないか。

会社も国も、一個人の場合もすべてが同じで、ことが前進しない多くの理由は、「行動していないこと」にあるのではないか。行動すれば、なんらかの答えや未来へのヒントが見つかるはずなのだ。

俺の場合、**この行動力を支えているのは「怒り」の感情**だと思う。あまりに理不尽なことが多くて、幼い頃から怒りを心に秘め続けてきたからだ。両親に対する怒り、境遇に対する怒り、そして社会に対する怒りだ。

もちろん、そんな怒りをいつも爆発させてきたわけではない。ときには爆発することがあったかもしれないが、それなりに怒りとうまく付き合えるようになったつもりだ。**「アンガーマネジメント」という言葉もあるようだが、「怒り」はコントロールすべきものであり、なくすべきものではない**と考えている。そう考えるようになったのも、経験を重ねて学習したからだ。

むかしの俺は車の運転中にいつもイライラし、ちょっとしたことでほかの車に怒鳴り散らしたり、ときには車を降りてむかついた車の運転手を引っ張り出して〝お仕置き〟したりしていた。ところがあるとき、イライラした状態のまま運転を続けていたら、いつの間にか「怒りの感情」が収まっていたことに気づいたのだ。怒りが自然と収まるまでは15分ほどだっただろうか。その体験で、10分ちょっと我慢すれば怒りの感情は収まるのだと気づくことができた。ならば、怒りにまかせて暴れるのはやめたほうがいい。怒りをコントロールしなければ、社会のなかでまっとうに生きていくことは難しいからだ。

とはいえ、「怒り」がエネルギーになる場面だっておおいにある。いまだって俺は怒っているし、むかついてるのだ。むかついている対象は、いくつもある。そのひとつは、生コン業界の立ち位置だ。大手ゼネコンやハウスメーカーなどからはもっとも末端、最下層の業界だと思われ、現場でゴミのように扱われることも少なくない。大手こそ価格を釣り上げて利益を追求しているが、俺たちのような中小・零細企業なんて目もあてられない状況だ。

だから、自らの踏ん張りによって俺たちのような人間や業界の見え方を変えていきたい。でもそれは、人のためなんかじゃない。あくまでも、自分自身のため、小澤総業グループのためだ。

だからこの怒りを押し殺すことはしない。メラメラと怒りの炎を燃やして、俺の会社をまずは大企業に成長させ、いずれは業界全体を変えていくのだ。

第6章

躍進

世界を変える壮大な発明

どでかい市場を舞台に

オリジナル商品開発に向ける俺の情熱は日ごとに失われるどころか、逆に増していくのを感じる。本業はもちろん小澤総業が手掛けるコンクリート打設の業務だが、その業務に期待するのは、いってみれば安定的成長だ。

一方、俺が率いるポンプマン社は、有力な商品を世に出せば、それがただの一撃であってもとんでもない利益を生む可能性を秘めている。俺はもちろんコンクリート打設のプロであり、技術や段取りなど現場での動きには絶対の自信を持っているつもりだ。でも、ポンプマン社で手掛ける新商品開発も俺の性格に合っていると感じるし、アイデアを捻《ひね》り出すのはこのうえなく楽しい。

かつて、事業としてはうまくいかなかったが、ジェットサーフのショップや焼きそば屋などをスタートさせるときもワクワクしたものだ。新しいことへの好奇心、これまでにないものをこの目で見たいという欲求が、人の何倍もあるのかもしれない。そんな俺にとって、ポンプマン社は格好のステージでもある。

しかし、一撃で業界を、社会を、世界を揺るがすようなオリジナル商品はそう簡単には生まれない。そんな夢のような商品を開発できれば最高だが、「成功は一夜にしてならず」である。

だからあせらずに、地味なものでもいいという考えで、積極的にオリジナルの商品を世に送り出した。

例えば、ポンプ車には生コンを送り出す際に使うラジコンのような送信機があるのだが、これに装着する「シリコンカバー」もそうだ。わかりやすくいえば、パソコンのキーボードにかぶせるカバーのような部分である。

過酷な環境で使われる送信機なのでカバーに対してのニーズは高いが、従来品は1年ほど使えばすぐダメになってしまうものばかりだった。薄っぺらなシリコンなので、少しでも裂け目があればスーッと大きく切れてしまうし、変色して黄色くなり操作もしにくくなる。意外と高価なのに、頻繁に買い替える必要のあるシロモノなのだ。

そこで、このシリコンカバーを新開発した。従来品に比べて、圧倒的な耐久性のある製品だ。従来品とポンプマン社製のカバーを並べてみれば、一目瞭然《りょうぜん》。ポンプマン社製のカバーは肉厚で抜群の耐久性を誇っている。変色を防ぐ黄変防止剤を配合しているので、長く使い続けても透明なシリコンの風合いを保ったままだ。

形状の差は微妙かもしれないが、意匠登録もした。発売以来、年間５００個程度は売れているので、ポンプマン社としてはスマッシュヒットといえる。

ただ問題なのは、あまりにもタフ過ぎて、ひとつ買ってもらうとなかなか破れず、長く使い続けられてしまう。リピート率が低いのが玉にキズなのである。そういった点も、ビジネスとしておおいに勉強となった。

この商品の開発は目に見える結果として悪くはなかったが、俺はこれを機会に、開発についての軌道修正をすることにした。

ポンプ車に関連する商品に的を絞って開発を続けてきたこと自体は、なんでもありの多角経営から脱却するという意味でも正解だったと思う。でも、ポンプ車関連の部品をいくつか考案し、これらがヒットを飛ばしても利益には天井がある。要するに、ポンプ車に関わる会社、人間の数なんて高が知れているということなのである。

極めて狭い世界でいくらビジネスを展開し、それなりに成功させても、驚異的な結果をもたらすことはない。俺が目指しているのは、想像を超えた利益を生むことなのだ。

「ポンプ車の部品では顧客が少な過ぎる。もっとデカい市場はないのか？」

そんなフレーズが頭のなかを駆け巡っていた。

だからといって、また本業と無関係のビジネスをはじめるつもりもない。これまでの知識と経験を活《い》かせて、俺でなければ生み出すことのできない商品はどこにあるのか？　発明家でもなければ科学者でもない、純粋なる経営者の頭でものごとを考えた。

そして、結論は出た。

「あ、コンクリートだな」

最初にコンクリート打設の仕事に携わってから、およそ20年のあいだ付き合い続けてきた、コンクリートである。コンクリート、すなわち地面だ。地面というキーワードでなにかを開発できれば、その顧客、市場のスケールはものすごいことになる。なにしろ世界中のすべての人や建物が地面と関わりを持っているのだから。地面を商品にできれば間違いなく巨額な利益が生まれる。

目の前がパッと明るくなり、確実に視界は開けた。

水をとおす画期的なコンクリート

地面を開発するという目標を視野に置きながら、俺はずっと、コンクリートを見つめていた。そこでふと、素朴な疑問が浮かぶ。

「何十年、このコンクリートっていうシロモノを使っているんだろう」

道路や建物を構築するうえで土台となるコンクリートは、ずっとかたちを変えることなく世界中に存在する。道路に使われるアスファルトにしてもそうだ。多少の改良は重ねられているにせよ、あたりまえのようにコンクリートやアスファルトは俺たちの生活のなかに存在し、誰もそれを上回るものをつくり出そうとはしていない。

そうであるならば、世の中にないコンクリートの地面を開発してやろう。

そんなことをぼんやりと考えはじめ、リサーチを開始した。すると、不意打ちを食らわされたようなニュースに出くわした。なんと、通常のコンクリートに取って代わるような画期的な商品が2021年に流通しはじめたのである。

正式には「ポーラスコンクリート」と呼ばれるものだ。もともと30年以上も前に開発された商品だが、製造販売する工場が少なくほとんど流通していなかった。これを2021年、「ドライテック」という商品名でいよいよ日本中に流通させたのが、静岡県の伊豆《いず》の国市《くに》にある「株式会社長岡生コンクリート」という会社であり、代表取締役である宮本充也《みやもとみつや》さんという人物は俺の知り合いでもあった。

建設現場で余ったコンクリートを「残コン」と呼ぶのだが、これらは最終的にほとんどが廃棄され、自然環境に負荷をかけている。この残コンを再利用すべく開発された材料を使い、生コンを粒状化させてつくられたものがポーラスコンクリートである。

ちなみにこの残コンには、我がポンプマン社も以前から注目していて、俺は業界全体として取り組まなければならない大問題だと捉《とら》えていた。大ヒットとなった先行剤の「エコスル」は食品添加物だけでつくられているので、中性無害であり、地中で分解されるため人体や環境に優しく、排出されるゴミもほんのわずかで済む画期的な商品だ。

要は、これまで生コン業界では環境負荷に対する意識が非常に低かったのだが、そのことを課題と捉え、製品化してきたのだ。こうしたことも、「業界の地位向上に貢献していくだろう」との思いからだ。

同じように、環境負荷を問題視した結果として流通しはじめたのがポーラスコンクリートであり、自然環境への配慮がしっかりなされている点に俺はおおいに共感した。

そしてこのコンクリート、なにがすごいかといえば水が浸透するのである。コンクリートが水をとおせば、近年、世界中で大問題となっている洪水の脅威や、日常的な水はけの問題も解消できる。生コンは砂利、砂、セメント、水で構成されるが、このうち砂を除いてつくられる点がポーラスコンクリートの特徴だ。簡単にいえば、砂を除くことで隙間だらけのコンクリートとなり、この隙間が水をとおすという仕組みである。

これこそまさに、俺がやりたかった画期的なコンクリートの開発である。そんな商品が、登場直後から絶好調の売れ行きとなっていたのだった。

そうした状況を見て、俺は一瞬、考えた。先を越されたから画期的なコンクリートの開発をストップするのか、または、ポーラスコンクリートをヒントにその上をいくものをつくるのか――。しかも、ポーラスコンクリートを製造、販売しているのは、「株式会社長岡生コンクリート」であり、宮本社長は俺の知り合いでもある。

はたしてこれから、どんな行動を取るべきか？　様々な可能性を考え尽くし、出てきた結論はこうなった。

「ポーラスコンクリートをヒントに、もっと新しいコンクリートを開発しよう」

この瞬間からまた、開発に向けたダイナミックなストーリーが展開していく。

アイデアのもとは、ホームセンターにあり

コンクリート打設でまだ会社勤めをしていた頃、作業中にこんなことを思いついた瞬間

があった。

——コンクリートを打つときは、水はけをよくするため勾配《こうばい》をつけることが多い。でも地面そのものに穴があいていればこの勾配は必要なくなる——

その思いつきが、コンクリートで新しい製品を生み出せないかと悩んでいた当時の俺に、あらためて舞い降りてきたのだ。もちろん、ポーラスコンクリートとは異なる製品を目指さなければならない。

最大の課題となったのは、どうやって穴のあいたコンクリートの地面をつくるかだった。コンクリート打設の仕事を何年も続けていると、どうしても「型枠」をどうつくるかといった考えが先行する。通常の業務であれば四方を型枠で囲み、そこにコンクリートを流して固まったら型枠を取るというプロセスがあたりまえだからだ。

つまり、完成したときに穴がいくつもあいた平面となるよう、型枠をどうつくるかを俺は考え続けていた。でも、そんな型枠をつくるのも大変だし、型枠があったとしてもコンクリートが固まったあとにその型枠を取り去ることは難しい。ここで、大きなハードルにぶちあたったのだ。

「今回は、新しい工法が必要だ」

この結論ありきで、俺は工法についての考えを巡らせることにした。

すると、「型枠をそのまま埋めてしまえばいい」というヒントが頭に浮かんできた。つまり、型枠という概念を捨て去ってしまえばいいということに気づいたのだ。

その考えに到達するやいなや、俺は紙コップを大量に買いに出た。急いで戻ると、大量の紙コップをそれぞれ逆さまにして、床に均等に並べた。並べ終わって見てみると、まさに、目の前に答えがあるのを感じた。

「あ、できたぞ」

型枠なんて必要なかったのだ。ただ、目の前にあるコップのように筒状のものを固定しておき、上からコンクリートを流し、最後に紙コップでいうところの底の部分を抜いてしまえば、穴だらけの地面ができるとわかった。要は、従来のように大きなひとつの型枠にコンクリートを流すのではなく、紙コップを逆さまにしたような形状の型枠をいくつも並べてそこにコンクリートを流せばいい。

「これでいける！」

すぐさま俺は紙コップのような型枠の試作品をつくり、これを地面に置いてコンクリートを流し、最後にコップの底にあたる部分をくり貫《ぬ》いてみた。するとイメージしたとおり、直径十数センチメートルの丸い穴があいたコンクリートの地面ができあがっていた。

そして開発の最終段階で、商品として販売する型枠の形状をどうするかという点を検討することになった。逆さまにした紙コップ状の型枠を地面に置き、そこにコンクリートを流し込んで最後に紙コップの底の部分をくり貫けば、確かにコンクリートの表面には穴があく。でも、最終的につくりたいのは、いくつもの穴が均等の間隔であいたコンクリートの地面である。つまり10個の穴が必要な地面なら、紙コップのような型枠が10個必要なのである。

まさか、コンクリートを流しこむ地面に、紙コップのような型枠をひとつずつ置いていくことなどできない。広大な面積の地面に無数の穴をあけなければならないとき、同じく無数の型枠を均等に置いていかなければならず、そんな手間がかかる商品なんて誰も買ってくれはしないだろう。

しかも、通常の型枠であれば使ったあとは回収して再利用できるため、多少、価格が高価になっても問題がない。だが今回は、使ったあとの型枠をコンクリートとともに埋め殺すことを決めていた。つまり10個の穴に対して、紙コップ状の型枠を10個、地中へ置き去りにするため、紙コップ状の型枠を極端に安価な設定とする必要があったのだ。

「これは想像以上に大きなハードルかもしれない」

あと一歩のところで開発は足踏み状態になった。だが、ここであきらめる選択肢はない。理想の形状かつ、安価な型枠さえできれば、間違いなくビッグビジネスの到来だ。その確信があったので、俺はヒントとなる「なにか」を嬉々《きき》として探した。

そしてあるとき、俺はふらりとホームセンターに行った。そこには多様な大工道具や農具などが大量に陳列されていて、なにかがありそうだという予感もした。ブラブラ歩いていると目にとまるものがあった。

誰でも見たことのある、野菜などの苗をいくつも入れられる「育苗パレット」という商品だった。筒状の空間がいくつも備わっているパレットを見て、「これだ！」と感じた。見ようによっては、紙コップがいくつも合体したかたちをしている。これを逆さまにして、コンクリートを流し込むイメージを頭のなかで描いた。最後に紙コップ状の底部をすべて取り除くと、いくつもの穴があいたコンクリートの地面が脳内でできあがった。

しかも、育苗パレットは安っぽいペラペラのプラスティックでできていて、極めて安価なものだ。つまり、この育苗パレットを応用すれば、型枠の形状とコストの問題を同時に解決できるわけである。

この考え方なら埋め殺す前提でも、購入しやすい価格設定にできるはずだ。

目指すゴールは極めて近いところにあると俺は確信した。

1億2000万円の大博打

ゴールまでの道筋はしっかりと見えていた。あとは、試作品をつくり、量産態勢に入るだけだ。通常ならここで製品としてきちんと成立するよう、試作品の作製に入るのがセオリーだ。

試作品が必要なのはいうまでもない。コンクリートを流した際の強度や、水はけの具合など、細かい部分を何度も修正しながら完成に近づけていくものだからだ。場合によっては数学的、物理学的見地からの分析によって、様々な使用に耐えつつ、きちんと効果を発揮する製品に仕上げていかねばならない。それゆえ、試作のプロセスでは、大学の研究機関などに多角的な分析を依頼するのが筋である。

でも俺は、こうした専門機関をとおすプロセスを「必要ない」と判断し、自力で試作品をつくろうと試みた。なにより長年、コンクリート打設の世界で培った自分の経験と勘ほど頼れるものはないと思ったからだ。

でも、試作品をひとつつくっても、その試作品にあわせて金型をつくり、本番の材料で完成品をつくらなくてはその製品が本当に使いものになるかどうかわからない。金型はもちろんオーダーメイドなので、コストが高くつく。最初につくった金型がダメなら、また次の金型をつくって、と何度も繰り返すほど予算に余裕はない。つまり、「これだ」という試作品をひとつ完成させ、金型をつくる時点では量産を前提としなければならなかった。

つまり一発で、しかも自力で完成品をつくらなくてはならないのだ。

それでも俺は、自分がコンクリート打設の業界で培った経験と勘を信じた。そして、脳内のイメージを精密にかたちにしていった。そして完成だ。育苗パレットをヒントに、逆さまの紙コップがプラモデルの部品のようにつながりあった形状の試作品ができあがった。

次はいよいよ金型の製作を依頼する段階だ。ここからは資金の問題になってくる。専門業者に確認したところ、金型の製作は約4000万円、そして初期ロット用の商品の材料費と製作費が合わせて約2000万円、さらに完成品を保管する倉庫も必要だということで、倉庫の購入に約6000万円。ざっと、1億2000万円以上の資金を必要とすることが判明した。大企業における開発費1億2000万円なんてお安いものだろうが、中小・零細企業における1億2000万円はかなりの高額だ。

大金には違いなかったが、完成品が売れればとんでもない利益を生むだろうし、この製品は世界を変える可能性を秘めている。幸いにして、本体の小澤総業もポンプマン社も順調に利益をあげている。

決して勢いだけではなかった。冷静に判断して、「この投資は吉と出る」という判断から、俺は1億以上の金をこの事業に懸けることにした。思い切った投資だし大博打《ばくち》になるかもしれないが、それ以上にうまくいく手応《てごた》えがあった。

勝つか負けるかはわからない。それが勝負というものだが、この勝負には勝てるような気がした。

第6章
躍進
世界を変える壮大な発明

ところで、大事なことがある。このまま製品が完成すればこの開発プロジェクトは大成功、というわけではないのだ。ひとりの大人として、しっかりと筋をとおさなければ先に進むことはできない。「ポーラスコンクリート」を市場に流通させている、長岡生コンクリートへの報告である。

ポンプマン社では既にヒット商品であったポンプ車用の先行剤「エコスル」を販売してもらう目的で、長岡生コンクリートに出入りしていた。何度かのやり取りのなかで、俺はこの会社の宮本社長に心酔し、慕ってもいた。俺の性格やものの考え方、俺の態度や身体にある入れ墨まで、すべてをおおらかに受け入れてくれる人で、自分にとっては数少ない尊敬できる人物だった。

まさか、そんな宮本さんと商売敵になるかもしれないとは。皮肉なものだ。しかし、遅かれ早かれポーラスコンクリートと競合商品になるかもしれない製品を黙って世に出すことはできない。宮本さんは快く、うちの商品であるエコスルを販売するといってくれた人でもある。ここでコソコソしては男がすたるだろう。俺は先方に出向いて、きちんと説明することにした。

「宮本さん、ごめんなさい。実はうちの会社でも、穴のあいたコンクリートをつくって売ろうとしています。競合になる可能性もありますが、それでも僕とお付き合いを続けてくれますか？」

するると、宮本さんはこう口にした。

「そんなの、もういいですよ！　やりましょう、一緒にやりましょう。いい商品が生まれるのは必然のことなので、ぜひ一緒にね」

なんて気持ちのいい人だろう。俺としてもむかしから思い描いていた商品ではあったが、なにせ、宮本さんのほうが製品化には先んじていたわけだ。確かに気が引ける部分もあったが、正直に話せばわかってもらえるとも頭のどこかで思っていた。いうまでもなく、今後の付き合いがなくなるような返事でも仕方ない場面であったが、宮本さんはとびきり気持ちのいい対応で俺を受け入れてくれたのだった。

こういう人と出会える機会があるから、仕事にやりがいが生まれる。**幼少期の経験で、**

他人を信用しない性格であった俺だが、こうした最高の出会いが積み重なるたびに、自分の中身が少しずつ変わっていくのを感じていた。

偉大な発明「ドットコン」の誕生

そして、いよいよ完成した商品を俺は「ドットコン」と名付けた。世界初、穴のあいた「透水系コンクリート」を打設するための専用パネルだ。開発期間は約1年半。完成にこぎつけたのは、2023年の夏だった。

販売するパネル状のドットコンは、1枚のなかに筒状の部品が18個組み合わさった、約90センチメートル四方の大きさに仕上げた。敷設したい面積に応じて、この「ドットコン」を必要枚数、用意しそこに置くだけである。1枚1枚のドットコンはワンタッチでジョイントできるようにつくっているので、どれだけ広い面積でもセットするのが簡単だ。コンクリートのなかに埋め殺すものだから環境にも配慮し、端材はリサイクルしてつくられる再生ＰＰというプラスティックを採用した。まさに苗を植えるパレットのようなルックスで、とてもシンプルな構造だ。価格も1枚あたり3800円で販売可能となった。

ポンプマン社にとっての利益率もいい、確実な稼ぎを出してくれる商品である。

ドットコンを置いてコンクリートを流すと、直径十数センチメートルの穴が均等にあいたコンクリートの地面ができる。簡単にいえば、雨が降ると、この穴へ水が落ちることで完璧《かんぺき》な水はけ効果を発揮してくれるのだ。

コンクリートの下が土になっていれば、水は少しずつ下へ浸透していってくれるので地盤に与える影響も最小限で済む。穴からドバドバと水が下へ流れずに、「少しずつ」水が落ちる理由は、すべての穴が流路でつながっているからだ。コンクリート内部には穴と穴をつなぐ流路が地面と平行に走る構造になっていて、この流路に水を一旦《いったん》、溜《た》めるかたちになっている。よって、コンクリートの下に水が浸透しない場合でも、パネル1枚あたり14リットルもの水を溜めることが可能だ。

つまり、コンクリートの下へ水が浸透するしないにかかわらず、大雨が降ったときなどでも水があふれる心配はほぼないことになる。イコールそれは、大量の水が河川や海へと急激に流れ込む脅威を防ぐ役割をはたすというわけだ。

おまけに穴で貯水し、流路を空気が流れるため、地上の高温化を和らげるといった効果もある。昨今、問題となっているヒートアイランド現象の解決にもつながるというわけだ。

また、通常のコンクリートは固まってほどなく、熱収縮によってひび割れを起こしてしまうが、ドットコンによって穴のあいた地面は、その心配がない。それぞれの穴とコンクリート内部の流路に空気が流れることで、急激な温度変化を起こさせないからだ。このことによって、コンクリートが熱収縮を起こすリスクを抑えてくれる。


そもそも俺は、コンクリートの地面でなにか画期的な発明ができないかと考えていた。同時に、深刻な社会問題を解決できる商品になれば最高だとも思った。地球温暖化によるゲリラ豪雨、水害、ヒートアイランド現象などなど。こうした問題に従来のコンクリートやアスファルトの地面は対応できていないのである。

地面や道路は、社会全体、人々の生活を根底から支える基盤であり、この地面に対して有効なソリューションを提案したかったのだ。

ドットコンの完成品を見て、俺はこのうえない満足感に浸った。これはまさに、理想としていたゴールだったのだ。

いよいよ発売開始のときを迎え、俺は市場からの反応を楽しみに待った。そして、発売直後の反響は、予想をはるかに超えたものだった。電話やメールが毎日のように止まらない。既にいろいろな現場で施工もはじまっていて、街の景色がどのように変わっていくか楽しみでならない。

ちなみに、販売してからのクレームはいまのところない。「ポンピングチューブ」のときにクレームの嵐にあったが、俺はあの一件でしっかり学んでいた。

実は、ドットコンのプロトタイプは施工が大変過ぎて、すぐに改良版の製作に入った経緯がある。プロトタイプでは筒状の部品の天井部分が蓋《ふた》になっていて、コンクリートを流し終えたあとに蓋をひとつずつ取り外していかなければならなかった。広い面積ではこの蓋を外す作業が手間となってしまう。そこで改良版では、筒状の部品の天井部分をハンマーでポンと叩《たた》けばきれいに穴があく仕組みとした。これならモグラたたきのように筒状の部品の天井部分をポンポン叩いていくことで誰にでも簡単に穴をあけることができる。作業の手間を考慮したこの改良も、大ヒットにつながった要因といっていい。

一見して良質なものに思えても、価格、使用法、耐久性など、あらゆる側面で客を満足させなければヒット商品とはならない。「これくらい大丈夫だろう」と見て見ぬふりをした小さな欠点が、のちのち致命傷となって、せっかく苦労してつくったのに客からソッポを向かれるということは避けたかったのだ。

以前のクレームの嵐ではさんざんな目にあったが、あれも経験だ。経験を活かして次の糧とする。ドットコンはそれまでの様々な経験が確実に活きた製品となったのだ。

行きつけの焼肉屋で得たビッグチャンス

ポンプ車の部品をつくり続けるのも業界のため社会のためになるが、俺はもっと広く社会に貢献する開発を手掛けたかった。市場が大きければ利益は当然、大きくなるのだから、それだけ立派な児童養護施設をつくることができる。この方針はまったくブレてはいないし、俺がこの世に生きている限り変わることはないだろう。俺の心のど真ん中にはいつも、「日本一の児童養護施設をつくる」という大きな目標（テッペン）だけがあって、この目標のためにすべての活動を行っている。

だから俺は、この「ドットコン」をとびきりスケールの大きな市場にアピールし、とんでもない利益を生み出さねばならない。1軒の住宅施工にドットコンを導入し、水はけのいいガレージを提供するのも大切だが、街全体、国全体でドットコンが利用されればどうなるだろう？　地球温暖化により、今後ますます深刻化するであろう豪雨や大地震による大津波、ヒートアイランド現象などに対し、強靱《きょうじん》な備えとなってくれるはずだ。そう、ドットコンが活躍する場は、街全体、自治体まるごと、とある国の全域、地球規模でのニーズが考えられる。


ドットコンの完成直後、そんなことを夢想していた俺にひょんなことからビッグチャンスが訪れた。人生、なにが起こるか予測不能だ。俺がしばしば通う、東京・福生《ふっさ》市の渋い焼肉屋「炭火焼肉Ｍｒ．ｓｈｉｎ」でそのビッグチャンスは舞い込んできた。

俺は、庶民的でご近所さんしか知らないような飲食店が大好きだ。福生の焼肉屋はまさにそんな感じで高級店ではないし、店内はおしゃれどころか雑然と表現したほうがしっくりくる店である。「見た目がぼろいから入店する気にならない」という知り合いもいたほどだ。

だけど、焼肉なら「日本一美味《うま》い店」だと俺は思っていて、知人から紹介してもらって以来、焼肉といえばその店に通っている。どれくらいこの店が好きかと聞かれれば、「肉を食べるなら、もうそこしか行きたくないくらい」好きなのである。

そんな行きつけの焼肉屋へ食事をしに知人と出向いたときのことだ。俺は完成間近だったドットコンの出来に気を良くして、肉を食べながら陽気に話していた。話題は、完成までの苦労話、製品の優れた機能、そして昨今の世界的な水害問題などだった。俺はもともと大声である。酔っていたこともあって、狭い店の誰にでも聞こえるような声のボリュームで話を続けた。

俺たちがほろ酔い状態で盛りあがっていると、声がかかった。俺に向かって話しかける声の方向を見ると、そこには焼肉屋の店主がいた。

そして店主はこう俺に話しかけたのだった。

「僕は毎月のようにインドネシア大使館に行っていて、交流もあります。小澤さんがつくった製品はとても面白そうだから、いつか製品を売り込みに行きますか？」

店主の名は、山田邦夫《やまだくにお》さん。山田さんとは以前からよく言葉を交わす仲ではあった。とはいえ、仕事の話をがっつりするような関係性ではない。単に、俺が大声で話している内容にピンときて、いきなりインドネシアの話題を持ち出してきたのだった。

実はこの山田さんという店長は、以前、某有名焼肉チェーンの創業に深く関わった、業界では名の知れた重要人物だった。絶好調の時代は年商80億円ほども稼いだ人物で、世界中に様々な人脈を持っている。インドネシアには美味《おい》しい肉を売りに出向くこともあり、古くからたくさんの人との付き合いがあるという。

俺はこの偶然の成り行きに強い興味を覚え、詳細にドットコンについての説明をした。すると山田さんは、インドネシアの財界どころか、政界にも人脈があるというではないか。聞けば、公共事業の施策を決定するような権限を持つ人物にも紹介してもらえるそうだ。この話がとびきりのビッグチャンスであることを確信した。

俺は海外の事情にはさほど詳しくないが、世界中で豪雨や洪水が頻発していることくらいは知っている。その猛威は地球温暖化によってますます増大していて、世界各地の都市が水害で苦しんでいる。なかでも、インドネシア共和国の水害問題は世界的なニュースとして断続的に報道されている。首都であるジャカルタは地盤沈下による水害が相次ぎ、もうこれ以上、首都機能を継続できないと判断され、この国の首都がジャカルタからカリマンタンという島へ移転することが発表されているほどだ。

まさにこれは、ドットコンの出番ではないか。広域でドットコンによる透水性抜群の地面を敷けば、都市の機能を脅かす水害さえも防ぐことができるかもしれない。

「地面」に着目して商品を開発した俺の目論《もくろ》見《み》どおりに、国家規模レベルで利用してもらえるかもしれないのだ。

俺は胸を高鳴らせながら、山田さんと詰めの打ち合わせを続けた。今後の段取りについて、こう山田さんに言葉をかけた。

「製品には自信があるので、ぜひ、近いうちにプレゼンテーションをさせてほしい」

すると、山田さんはこう返した。

「どうぞ、どうぞ。じゃ、いつ行く？」

なんとも軽いノリだったが、山田さんは信用できる人だ。

俺はインドネシアの政府関係者と会うのを心待ちにした。

つかめ！　世界への足がかり

山田さんの取り計らいで、日本にあるインドネシア共和国大使館へ面会に行くことになった。このような施設を訪問するのははじめてだし、なにが起こるかとワクワクしながら東京都・新宿《しんじゅく》区にある大使館の建物へと向かった。

目的の大使館に着くと、俺を待っていたのは実に立派で、格式の高さを感じさせる建物だった。こんなところで俺が真面目にプレゼンするなんてと思うと、なんだか笑えてきた。

大使館では、山田さんがいるからという理由なのかもしれないが、なんと顔パスで入館だ。山田さんには、「いいの？」と聞いたが、「大丈夫だよ」という答えが返ってくる。このプレゼンでは、ひととおり「ドットコン」のメリットなどを説明した。俺としては手応えがあったが、この先どうなるかはまだわからなかった。

ほどなく、再び足を運んでほしいと大使館側から連絡があり、2回目のプレゼンとなった。先方からは事前に、コンクリート関連の民間企業関係者が同席すると伝えられていた。当日、大使館へ行くと、駐日インドネシア共和国大使館の運輸部担当官ほか、国の公共事業のほとんどを請け負う民間企業の社長が俺の話を聞いてくれた。

俺の熱い思いをプレゼンに込め、前回を上回る手応えを感じて大使館を出た。先方は、水害に悩む国にとって実に有力なソリューションだといって、本気でドットコンの導入を検討してくれるようだった。

そして、後日、朗報が飛び込んできた。インドネシアでもっとも大規模なコンクリート会社からドットコンの採用を検討すると連絡が入ったのだ。具体的にはスマラン市という地域でドットコンを利用した施工を行いたいという。

その知らせを聞いて、俺は感激を隠せなかった。

焼肉屋で、それも大声で話していなければこうはならなかったかもしれない。ともあれ、

出会いやチャンスというものは、いつどのように訪れるか、本当にわからないものだ。だから、いつでもチャンスをつかめるよう、自分の感覚を研ぎ澄ませておかなければならないのである。

それにしても、ドットコンのリリースによって、俺のまわりでは尋常ではない風が吹くようになった。日本国内の大手ゼネコン企業から話を聞きたいと引き合いがきたと思えば、いきなりハーバード大学の西谷《にしたに》袈音《かのん》さんという女性から連絡があり、嬉《うれ》しいオファーをもらった。「会いたい」というのでいってみたら、日本が誇る技術や製品を世界中にプロモーションしているのだという。

ドットコンの素晴らしさに注目してくれたそうで、俺自身は宣伝などほとんどしていないのに、こうして日本だけでなく世界へもドットコンが広まろうとしている。さらには予想もしていなかった「グッドデザイン賞」の受賞である。精魂込めて開発した商品がこうして広く評価してもらえるなんて、実にありがたいことだ。

そういえば、先行剤の「エコスル」もこれから予想を超えた展開をしていきそうだ。ドットコンを通じて関係を深めた「ポーラスコンクリート」の仕掛け人である宮本さんとの縁で、横浜国立大学、明治大学、日本大学など名だたる大学の教授とともに、コンクリート工学の研究会などにも参加させてもらう機会を得た。

これまで縁などなかった大学教授らとの交流は俺にとって刺激的であっただけでなく、とんでもないチャンスをポンプマン社にもたらしてくれた。日本の産業製品に関わる規格などが定められた国家規格をＪＩＳ（日本産業規格）と呼ぶが、日本大学の教授ほか識者たちが集まり、先行剤の使用方法も含めた一連の工法をＪＩＳ規格化し、環境に配慮した残コン処理が一般化するよう委員会を立ち上げたのだ。このＪＩＳ規格化が実現すれば、日本中のポンプ車がエコスルを利用するようになるだろう。そうなれば、日本中に認められた商品をうちの会社が開発、販売していることになるわけだ。俺にとってはドットコンの開発と並ぶ、とんでもない大事件である。

エコスルの利点はいくつもあるが、産業廃棄物の軽減という部分で社会に大きく貢献できることがなにより嬉しい。

こうして開発した製品たちが、社会から反響があることに驚かされるばかりである。

信ずる者に逃げられて

「エコスル」と「ドットコン」の展開で沸き立つポンプマン社の運営だが、俺の気分を高揚させることばかりが起きているわけでもない。以前に比べ、チャンスの数は確実に増えたが、相変わらずピンチもしばしば襲ってくる。

２０２２年の暮れにはかなり思い切った〝巨額の買い物〟をした。広島県にある、当時創業29年の同業他社「有限会社鯉城《りじょう》開発」を1億円で買収したのだ。当時の先方の社長である浜田《はまだ》洋一《よういち》さんが、自らの会社を継いでくれる人物を探していたからだった。以前から付き合いのあったその浜田さんから、「3日で返事が欲しい」と持ちかけられて、俺は2日で返答した。

「やらせてもらいます」

在籍する全従業員の雇用を守るのはもちろんだが、全従業員の給与アップも約束。広島では考えられないような高給で従業員を抱えることにしたのだ。そこまでして買収したのは財務状況が良かったこと、そして、知らない土地で仕事をするということに興味があったこと、さらには、東京と広島で同じ類《たぐ》いの仕事をすればなんらかの相乗効果があるだろうと考えたからだ。

もとは、会社を継がせようとしていた有望な従業員が突如、退職してしまったことで経営続行への意欲を失ってしまったと浜田さんは俺に説明してくれていた。自分としても従業員が安心して長く働ける環境がもっとも重要だという思いが強く、全従業員の給与を大幅アップというわけだ。

俺は、買収した会社のなかを見まわし、有望な従業員ふたりに目をつけた。経営はもちろん、役員の経験もないふたりだったが、彼らを社長と専務に任命し会社の繁栄を託したのだ。ところが、である。俺が信頼を置き専務に任命した男が、あろうことか任命から1カ月で退職を申し出てきたのだ。しかも、得意先を持っていき独立するという。

俺は自分で決めた、従業員の独立に反対しないというルールを守ってはいたが、役員の退職はさすがに勘弁してほしかった。これからまさに広島の会社をダイナミックに展開していこうというスタートダッシュ時に、大きなハンデを背負うことになったのだ。

このダメージが尾を引き、いっときはこの広島の会社を潰《つぶ》してしまうかもしれないというギリギリの状況にまで陥った。買収を後悔したのはもちろんだが、なにより、信頼していた人間に裏切られるつらさが俺のメンタルをズタズタにしたし、とてつもない孤独感に襲われた。

買収直後にいきなり鯉城開発を見捨てるなんてことはできないので、広島に何度も足繁く通い、それこそ泊まり込みまでして、かかりっきりでなんとか会社を守ることはできた。それでも、役員の突然の退職という、しばらくは消えることのない、なんともやり切れない虚無感のようなものが俺の心に押し寄せてくるのだった。

ドットコンやエコスルを通じて、俺はいくつものかけがえのない出会いを経験した。懸命になってなにかに打ち込んでいれば、素晴らしい人との出会いが待っているのだとも感じた。でも反面、人間関係に絶望する瞬間だって同じくらいあると思う。俺はもちろん人様に自慢できるような人間性を持ち合わせていないけれど、仮に聖人君子のように生きていたとしても、生きれば生きるほど、他人に裏切られたり、出し抜かれたりといった経験をする。

それでもまた、1日ははじまる。俺は朝起きて飯を食い、仕事に励み、酒を飲み、ぐっすり眠る。そしてまた朝を迎えるのだ。

幸福ってなんだろう

事業の中核となる小澤総業の業績は右肩上がりだし、社長を務めるポンプマン社にしても、「ドットコン」と「エコスル」の売上に慢心せず、まだまだ新製品開発に力を注ぐつもりでいる。はたから見れば、「事業に成功していて安泰ですね」などといわれることも増えたのだが、俺自身は、これからの事業や人生に安定を求めることもないし、不安や怖さだってまるで拭《ぬぐ》えないでいる。

なぜなら、まだ俺自身が設定した〝テッペン〟に到達していないからだ。はっきりとした結果が出ていないから、油断したら終わりだと思っている。事業や人生というのは先読みできないものだし、いつだってピンチと隣り合わせであることをこれまでの経験で知った。

そもそも「幸福とは一体、なにか？」「成功とはなにを指すのか」ともよく考える。幼い頃から金がないことで苦労や制限を強いられたことで、「金さえあれば幸せだ」という幻想を抱いた時期もあった。でもはたしてそうだろうか？　金がいくらあっても考え方次第では不幸だし、金がまったくなくても温かい家族といられて幸せだと感じるのかもしれない。

「自分は金持ちになったかもしれない」と感じた小澤総業設立当初、いくら豪遊してもちっとも成功者だと感じていなかったし、幸福でもなかった。この時期、幸福は金では得られないことをはじめて知ることになったのだ。

金があるだけでは満たされないし、金を儲《もう》けることが生き続ける目標ともならない。そんなあたりまえの価値観を得ることができたのだ。

そのときから心のどこかで、「金を儲けることが目標なのではなく、儲けた金をなにに使うべきか」をぼんやりと考えるようになった。そんな問いに対して、自分の生い立ちや、それまで見てきた社会のあり方、自分自身の子どもたちが成長していく様子など、目で見て肌で感じた情報を取り込みながら、いかにも俺らしい〝テッペン〟を定めることができた。

「日本一の児童養護施設をつくる」という金の使い方ほど、俺に相応しいものはない。

そんな目標を発見できたことは人生において大きかったし、そこに気づけたことで見える景色がガラリと変わった。俺は死ぬほど稼いで、驚くほどの大金を児童養護施設の設立に捧《ささ》げる。そして**誰もが認める、資本主義社会における手本となる**のだ。

一方で俺は、感謝の気持ちも忘れてはいない。それこそ、コンクリート打設の仕事には感謝しかない。コンクリートは速く正確に流し込む必要があるため、短気でせっかちな俺の性格にこの仕事はジャストフィットした。運良くたまたま巡り合った仕事ではあったが、やりはじめてすぐに誰よりも上手に仕事ができると思えたし、センスがあると感じられた。

ただ漠然と働いてきたそれまでの仕事とは異なり、コンクリート打設の仕事においては、いくつかの勤務先で責任ある役割を任されたり、現場として首相官邸を担当したり、客からたくさんの喜びの声をもらったりと、生まれてから味わったことのなかった「自信」を俺に植え付けてくれた仕事だった。

そして、コンクリート打設の仕事に出合えたおかげで、たくさんの可能性が広がったことは間違いない。だから俺は、コンクリートを使って、大勢の人や社会に対して大きなお返しをしなくてはならないのだ。

すべては、かっこいいか、かっこ悪いか

一寸先は闇でもあり、天国でもある。偶発的な出来事によって人生は良くも悪くも激変する。もちろんいいことばかりなら人生はハッピーなのだが、それほど簡単ではないし甘くもない。いくら強気の人間にも恐怖はあるし、おそらくは大半の人が不安や恐怖をいつも感じながら生きているのだと思う。

ただ、その恐怖を乗り越える方法を俺はもう知っている。

それはやはり、「決断」と「行動」しかないだろう。

会社経営にしても、決断と行動の数に時には比例し、時には反比例したりしながら、成長や衰退をしていくものだ。人生だって同じである。決断も行動もしなければなにも起こらないし、重大な危機が訪れたときでも、そのマインドがなければ絶対に乗り越えることはできないだろう。手とり足とり誰かが助けてくれるなんてことは、大人になればもうないのだ。

だから俺は、声を大にしていいたい。「失敗したらどうしよう」なんて考えて、決断や行動を躊躇してはダメだ。失敗したら「失敗した！」と大きな声で宣言して、修正や出直しを図ればいい。「失敗を恥」などと思う必要もない。誰もそこまで人の人生を気にしていないのだし、それほどしっかりウォッチしていない。みんな自分のことで精一杯なのだから、まわりの目を気にして生きるのではなく、まずは自分の決断と行動にフォーカスしたほうがいい。

人生とは決断の連続であり、行動からも逃れることはできない。決断と行動から逃げてしまえば、すべての可能性から嫌われることになる。

俺は、決断も行動も誰よりも速い。希望的観測も含むが、思いのほか早く、人生で望んだ最終地点（テッペン）に到達するかもしれない。

だから、そう信じてこれからもフルスロットルで生きていく。

最後に、俺の行動と決断がなにを指針にしているかについて説明しておきたい。

「かっこいいか、かっこ悪いか」

決断や行動のとき、俺はこれだけを指針に考えている。人として、男として、父親として、経営者として、会社として……。その決断や行動は、かっこいいか、かっこ悪いかがすべてだ。

例えば、「これをやっても儲《もう》からない。だけどかっこいいと思える」なら、俺は自分にゴーサインを出すことだろう。あるいは、「この女を無性に口説きたい。でもそれはちょっとかっこ悪い」なら決断と行動をストップさせる。

この指針は、自分としてもかなり気に入っている。

そしてなにより、俺は〝そのとき〟が来たら、気持ち良く死にたいと思っている。「楽しかったな」とか「悔しかったな」なんて考えると気持ち良くなさそうだから、なにも考えずに死を迎えたい。

言い換えれば、かっこつけて死にたいわけである。

俺は、かっこよく死ぬために、かっこいい決断とかっこいい行動を繰り返しながら、これからもがむしゃらに、しぶとく生きていくのだ。

おわりに

巨大な嵐が、世界を変えていく

ここまで読んでくれたみなさんは、なにを思うのだろうか？

「結局、それなりに成功しているから幸せをつかんだじゃないか」と思う人も多いかもしれない。そこそこの金があり、グループ会社を運営し、愛する家族がいて、美味《うま》いものも食うし、多少の夜遊びだってする。だけど、俺自身の本心を言葉にするとこうなる。

「俺はどこまでいっても幸せにはなれない」

だってそうだよな？　俺が不幸のどん底に陥れてしまった妹。そして、元嫁とのあいだの3人の子どもたち。そのほかにも、俺の身勝手な行いによって不幸になった人間が何人もいるのだから。

だから俺は、一生、償いを続けなくてはならない。

そう簡単には償い切れないことだって理解している。だから、公私でいくら嬉《うれ》しいことがあっても、彼ら彼女らを差し置いて、「幸せだ」なんて感じることは一生ないのだろう。

ＴＶをつければ世界中でどん底を味わう人々の話題が毎日、映し出されている。そんな他人の不幸を考えると絶望的な気分になる。自分が住むこの世界で、とんでもなく不幸な人々がたくさんいるのに、自分だけ幸せをかみしめるなんて無理があるってもんだ。

いままさに、この瞬間――。悲しみに暮れている子どもだってたくさんいる。

行動して経験して、金や女にしか目がなかった俺が、人の不幸を捨て置けない気持ちをいつの間にか持てるようになった。児童養護施設という目に見えるものだけでなく、目に見えない優しさや行動で、誰かを支えたいと思えるようにもなった。

どうやら、いつ野垂れ死んでもおかしくなかったようなこれまでの人生で、つかんだものは確かにあったようだ。

背負うべきものはどんどん重くなるけど、それが人生ってもんだ。だから、どれだけピンチが訪れても、俺は死ぬまで前に進み続ける。しかも、猛烈なスピードとエネルギーで。俺の力を必要とする大勢の人々のために。

そして、**巨大な嵐を巻き起こして、俺は世界を変えていくのだ。**

２０２４年３月

小澤辰矢

小澤辰矢（おざわ　たつや）
小澤総業株式会社代表取締役会長、PUMP MAN株式会社代表取締役、オリジナルガーデン株式会社取締役、有限会社鯉城開発取締役。1982年、静岡県富士宮市生まれ。高校中退後、16歳で上京。ガソリンスタンド店員、ホスト、金融業、解体工、鉄筋工など職を転々とし、19歳のときに「コンクリート打設」という天職に出会う。24歳のときに、1600万円以上のコンクリートポンプ車を頭金400万円で１台購入して事業を立ち上げると、開業当初から仕事が殺到。2011年に小澤総業株式会社を設立。現在は、年商14億円のグループ企業の会長になり、コンクリートポンプ車業界において都内ナンバーワンの企業にまで成長させた。

テッペン、獲《と》ろうか。
中卒《ちゅうそつ》40歳《さい》・年商《ねんしょう》14億円経営者《おくえんけいえいしゃ》の失敗《しっぱい》から学《まな》んだ「成《な》り上《あ》がり論《ろん》」

2024年３月28日　初版発行

著者／小澤辰矢《おざわたつや》

発行者／山下直久

発行／株式会社KADOKAWA
〒102-8177　東京都千代田区富士見2-13-3
電話　0570-002-301（ナビダイヤル）

印刷・製本／大日本印刷株式会社

●お問い合わせ
https://www.kadokawa.co.jp/（「お問い合わせ」へお進みください）
※内容によっては、お答えできない場合があります。
※サポートは日本国内のみとさせていただきます。
※Japanese text only

定価はカバーに表示してあります。

ISBN 978-4-04-114222-6　C0095